«Cuando no puedo dormir durante las afán por los amigos que están sufriendo mucho. Le pido a Dios que aumente su tolerancia para el dolor, que avive las brasas humeantes de sus esperanzas y que edifique en ellos una fe robusta y más sólida. Y ahora, tengo esta excelente guía, *Estoy orando por ti*, para ayudarme con mis intercesiones. No podría estar más entusiasmada, ya que mi buena amiga Nancy Guthrie ha llenado esta obra maravillosa de pasajes bíblicos poderosos y sabiduría personal, todo sumamente oportuno y práctico. Después de vivir mucho tiempo con dolor y cuadriplejia, sé muy bien el inmenso impacto que tiene la oración en la capacidad personal para perseverar en medio de un dolor desgarrador; así que, saca tu lista de oración, abre las páginas del libro de Nancy ¡y derrama la autoridad de la Escritura sobre las heridas y los corazones cansados de aquellos por los cuales intercedes! Ellos ya nunca serán los mismos… y tú tampoco».

Joni Eareckson Tada, fundadora, Joni and Friends International Disability Center

«Esta es una guía hermosa, arraigada en la Escritura y centrada en Jesús para orar por los que sufren. ¡Nancy Guthrie vale oro, y este libro también!».

Randy Alcorn, autor; fundador y director, Eternal Perspective Ministries

«Este libro único es un regalo precioso para el pueblo de Dios. En estos capítulos breves y devocionales, Nancy Guthrie nos enseña a orar con mayor eficacia —de manera más específica y bíblica— por aquellos que nos rodean y que están atravesando pruebas y sufrimiento. A diferencia de todos los demás libros sobre la oración que he visto, este no es un libro para *leer* solamente; es un libro para usar. ¡Y lo usarás a menudo!».

Scott Anderson, presidente y director general, Desiring God

«Este libro es una idea brillante. Nos ayudará a muchos a orar por nuestros hermanos que sufren, y a ofrecerles ánimo. Doy gracias a Dios por esto».

Christopher Ash, escritor residente, Tyndale House, Cambridge

«Las oraciones del pueblo de Dios siempre han sido un regalo precioso e invaluable para mí, pero nunca como lo fueron durante la experiencia reciente de mi esposo con el cáncer. Este recurso maravilloso y práctico de Nancy Guthrie te ayudará a dar el regalo del ánimo al hacer oraciones arraigadas en la Biblia por amigos que estén atravesando el fuego, y al compartir cómo estás orando por ellos en ese momento».

Nancy DeMoss Wolgemuth, autora, fundadora de *Aviva nuestros corazones*, y maestra bíblica

«En *Estoy orando por ti,* Guthrie ha escrito la guía más práctica e impregnada de la Escritura para orar que jamás haya visto. Cuando alguien cercano a nosotros está sufriendo de alguna manera, a menudo decimos espontáneamente que oraremos por él. Pero muchas veces, no cumplimos con lo prometido o, si lo hacemos, no sabemos cómo orar. En cuarenta devocionales breves, cada uno guiado por el consuelo y el llamado del evangelio, Guthrie nos enseña cómo orar por alguien con claridad y confianza, sabiendo que lo que estamos orando concuerda con lo que Dios nos ha revelado misericordiosamente en Su Palabra sobre quién es Él, lo que ha hecho y está haciendo por nosotros, y la vida a la cual nos ha llamado como Sus hijos. A medida que acompañes a las personas por las pruebas de la vida en este mundo caído, volverás una y otra vez a esta gema de la literatura».

Paul David Tripp, pastor, orador y autor de muchos libros, incluidos *Nuevas misericordias cada mañana.*

40 días de oraciones de la Biblia por
alguien que sufre

Estoy
orando
por
ti

NANCY GUTHRIE

40 días de oraciones de la Biblia por
alguien que sufre

Estoy orando por ti

NANCY GUTHRIE

ESPAÑOL
NASHVILLE, TN

Estoy orando por ti: 40 días de oraciones de la Biblia por alguien que sufre

B&H Publishing Group
Nashville, TN 37234

Diseño de portada: Jude Made
Imagen de la portada: © KatyaKatya | Adobe Stock

Director editorial: Giancarlo Montemayor
Editor de proyectos: Joel Rosario
Coordinadora de proyectos: Cristina O'Shee

Clasificación Decimal Dewey: 242.4
Clasifíquese: ORACIONES / ENFERMOS—ORACIONES / ORACIONES

ISBN: 978-1-0877-5703-2

Impreso en EE. UU.
1 2 3 4 5 * 26 25 24 23

Contenido

Hoy estoy orando Juan 9:3 por ti, y pido que percibas que tu sufrimiento no es en vano, que tiene un propósito. Oro para que los que te rodean vean que Dios está obrando en tu vida, para que Su gloria se manifieste y el mundo la vea.

Introducción

Cuando alguien que queremos está atravesando un momento difícil, somos rápidos para decir: «¡Estoy orando por ti!». Pero ¿y después qué? ¿Realmente oramos? Y si es así, ¿qué decimos al orar? ¿Cómo sabemos qué decir?

Si somos sinceros, la mayoría de nosotros tal vez tenga que admitir que tiene un vocabulario bastante limitado en lo que se refiere a orar por los que sufren. Nuestras oraciones suelen estar limitadas a pedir/rogar a Dios que quite el sufrimiento. Y sin duda, ¡es un buen instinto! Oramos, pidiéndole a Dios que obre, porque creemos que Él puede y que quiere hacer el bien a aquellos que ama. Pero nuestras oraciones suelen estar guiadas mayormente por lo que pensamos que debería ser el resultado, o por aquello que la persona que sufre nos pidió que oráramos.

Si realmente creemos que Dios es soberano sobre nuestro sufrimiento (¿por qué consideraríamos orar si no lo creyéramos?) y que tiene un propósito al permitir el sufrimiento en las vidas de aquellos que le pertenecen, ¿no debería eso moldear nuestras oraciones? ¿No deberíamos recibir todo lo que Dios quiere lograr de manera única a través del sufrimiento para el bien de esa persona y para Su gloria?

La Biblia nos ayuda con esto. Nos proporciona un vocabulario para orar que nos permite pedirle a Dios que haga lo que quiere hacer en y a través del sufrimiento en nuestras vidas y en las vidas de aquellos que amamos. Así que, usemos las palabras que la Biblia provee para invocar a Dios. En lugar de suponer que vaya a cumplir Sus buenos propósitos en la vida de la persona que sufre, ¡roguémosle que lo haga! En las páginas siguientes, nos abriremos paso por 40 pasajes bíblicos que revelan algo sobre los propósitos de Dios en el sufrimiento. Las Escrituras nos ayudan a ofrecer oraciones que Dios se deleita en responder. Nos ayudan a pedirle, en lugar de suponer que hará lo que prometió. Y evitan que estemos demasiado concentrados en exigir que haga aquello que nunca prometió hacer.

Consideraremos con cuidado lo que Dios dice en estos versículos y luego transformaremos las palabras de ese pasaje en una oración. Podrás insertar el nombre de la persona por la cual estás orando en la oración proporcionada. Oraremos pidiendo sanidad, alivio y restauración. Pero no nos detendremos ahí, porque la Biblia no nos permite detenernos allí. En lugar de orar solo para que lo que se rompió sea restaurado, oraremos para que la gloria del carácter de Dios se manifieste en forma singular a través de los lugares rotos. No abordaremos la oración como una herramienta para manipular a Dios y obtener lo que queremos, sino como una forma de someternos a Su voluntad. A través de la oración, nos acercaremos a Él en nuestra necesidad. Le pediremos que haga lo que quiere, porque creemos que es bueno y que Sus planes para nosotros, y para todos los que le pertenecen, son buenos.

Tal vez haya algunas oraciones en este libro que parezcan insuficientes, porque le piden a Dios que obre en y a través del sufrimiento de tu amigo, en lugar de quitar ese sufrimiento. Quizás estas oraciones no siempre parezcan lo suficientemente audaces o importantes. Pero cuando permitimos que la Biblia les dé forma a nuestras oraciones, podemos estar seguros de que ellas tienen el tamaño correcto y están bien apuntadas. Tal vez, por momentos, parezcan estar demasiado concentradas en anticipar las alegrías de la vida venidera, en vez de pedirle a Dios que nos dé estas alegrías aquí en la tierra. Gran parte del cristianismo moderno nos ha enseñado a orar de esta manera. Pero las Escrituras nos llaman constantemente a poner nuestra esperanza en la vida que vendrá en la presencia de Dios, la cual comenzará el día de la resurrección. Las Escrituras nos animan a esperar con ansias aquel día.

Mi esperanza es que este librito te ayude a hacer lo que sé que realmente quieres hacer: orar con fidelidad por la persona a la que quieres y que necesita oración. Con la intención de mantener las frases lo menos complicadas posible, y de hacer que la lectura y la oración con este libro sean tan personales como se pueda, he usado varios pronombres. Descubrirás que me refiero a la persona por la cual estamos orando como él o ella. Espero que hagas los ajustes necesarios a medida que lees y oras.

Comencemos. Oremos. Permitamos que la Biblia les dé forma y sustancia a nuestras oraciones. Oremos con plena confianza de que Dios mismo nos inclina a orar, nos da las palabras para orar y el consuelo de saber que el Espíritu intercede con gemidos que trascienden lo que decimos. Oremos con la seguridad de que Dios se deleita en nuestras oraciones y nos oye. Oremos a nuestro Padre que nos invita a traerle hoy todas nuestras necesidades e inquietudes, y que espera que volvamos a pedirle Su ayuda otra vez mañana.

1

Oro para que la obra de Dios se manifieste en tu vida

—Ni él pecó, ni sus padres —respondió Jesús—, sino que esto sucedió para que la obra de Dios se hiciera evidente en su vida.

Juan 9:3

Jesús acababa de sanar a un hombre que había sido ciego de nacimiento. Y los discípulos tenían una pregunta. Es la misma que todos nos hacemos cuando sufrimos: ¿Por qué? Sin embargo, su pregunta incluía una suposición. Preguntaron: «Rabí, para que este hombre haya nacido ciego, ¿quién pecó, él o sus padres?» (Juan 9:2). ¿Captaste la suposición en su pregunta? Dieron por sentado que el sufrimiento del hombre se debía a que alguien había pecado. Sencillamente, no sabían quién.

La pregunta de los discípulos se concentraba solo en la *causa* del sufrimiento del hombre. Sin embargo, observa que la respuesta de Jesús a su «¿Por qué?» se trataba de *propósito*, no de *causa*. Es como si quisiera que ellos dejaran de concentrarse en el pasado y pusieran la mirada en

15

el presente y el futuro. Como si quisiera que dejaran de señalar a otros con el dedo y se concentraran en ver cómo Él estaba mostrando Su gloria. Estaban demasiado absortos en lo que *producía* la ceguera, pero Jesús les señaló el *propósito* que Dios tenía para ello. El propósito, según Jesús, era que el poder de Dios, la obra de Dios y la gloria de Dios se manifestaran en la vida del hombre. Es más, este es un propósito que Dios tiene para la vida de todo creyente.

Así que oremos para que la mano de Dios se manifieste en la vida de las personas por las cuales estamos orando. Tal vez la obra de Dios se manifestará como lo hizo en la vida de este hombre, en forma de una sanidad sobrenatural. O quizás se manifieste de alguna otra manera, a medida que el Espíritu Santo obre en el interior de la vida de nuestro amigo, transformando su carácter, su perspectiva, sus interacciones, sus opiniones y sus deseos.

Todos sabemos que las personas observan a los que sufren para ver si Jesús marca alguna diferencia cuando sucede lo peor. Oremos para que vean que Jesús hace una gran diferencia en medio del sufrimiento de nuestros amigos, para que la obra de Dios se manifieste y todos los que están observando la vean.

• •

Oración
Señor, no pretendemos saber exactamente cuál es tu propósito al permitir este sufrimiento en la vida de _____. Pero creemos que, como te pertenece, su sufrimiento no es al azar ni carece de sentido. Tiene un propósito. Así que te pedimos que cumplas tus propósitos. Te pedimos que tu poder que obra en la vida de _____ se vea claramente en su vida. Que todas las personas con las que él tenga contacto vean que tu Espíritu está obrando y generando el fruto que solo Él puede producir: el fruto de amor, alegría, paz, paciencia, amabilidad, bondad, fidelidad, humildad y dominio propio. Señor, obra un

milagro en la vida de _____. Obra de tal manera que sea evidente para todos que algo sobrenatural sucede en su cuerpo y su alma.

· ·

Hoy estoy orando Juan 9:3 por ti, y pido que percibas que tu sufrimiento no es en vano, que tiene un propósito. Estoy orando para que los que te rodean vean que Dios está obrando en tu vida, para que Su gloria se manifieste y el mundo la vea.

2

Oro para que el Señor quite tu dolor

Para evitar que me volviera presumido por estas sublimes revelaciones, una espina me fue clavada en el cuerpo, es decir, un mensajero de Satanás, para que me atormentara. Tres veces le rogué al Señor que me la quitara; pero él me dijo: «Te basta con mi gracia, pues mi poder se perfecciona en la debilidad»...

2 Corintios 12:7-9

Siempre que sufrimos, la respuesta natural es preguntar: «¿Por qué?». Pero cuando a Pablo le fue dada una espina en la carne (fuera lo que fuera) que le producía una agonía incesante, es interesante que no preguntó: «¿Por qué?». Parecía saber exactamente *por qué* Dios había permitido este dolor en su vida que ya estaba llena de dolores. Miró la espina y vio la mano de Dios obrando en su vida, protegiéndolo del pecado. A Pablo se le había concedido la clase de experiencia espiritual que podría hacer que su corazón se inflara de orgullo; la oportunidad de vislumbrar las glorias del cielo. Así que, en el dolor de la espina, Pablo vio la mano de Dios protegiéndolo de algo que habría sido aún más doloroso: permitir que esta experiencia sobrenatural lo llenara de orgullo espiritual.

Pero, aunque Pablo veía la mano de Dios en la espina, también veía otra mano. La reconoció como un «mensajero de Satanás» que lo atormentaba. A Pablo lo atormentaba la tentación de resentirse contra Dios por permitir que esta espina punzara su vida, que ya estaba repleta de dolores. Lo que Dios había permitido para desarrollar su fe, Satanás quería usarlo para disminuir su fe. Lo que Dios quería usar para capacitar a Pablo para que confiara en Él, Satanás quería usarlo para tentar al apóstol a resentirse contra Dios.

Así que Pablo sabía que Dios estaba obrando por su bien a través de la espina... y aun así, le rogó al Señor que la quitara. Y se lo volvió a pedir. Y se lo volvió a pedir. La mayoría de nosotros puede identificarse con esto. Aun cuando podemos ver que Dios está usando las heridas en nuestras vidas para hacer algo bueno en nosotros, seguimos queriendo que el dolor se detenga.

De hecho, Pablo escuchó la voz de Jesús que le hablaba en respuesta a su ruego para que quitara esta espina. Seguramente, no era lo que esperaba escuchar. La respuesta de Jesús a la oración repetida de Pablo no fue quitarle la espina, sino darle la suficiente gracia que le permitiera soportar la vida con la espina. Pablo experimentaría el poder divino, no en la remoción de la espina, sino al verla redimida.

• •

Oración
Señor, es un alivio enorme saber que eres soberano sobre el dolor en la vida de ____. Dale la firme confianza de saber que, aquello que Satanás quiere usar para disminuir su fe, tú lo usarás para desarrollarla. Te rogamos que quites este dolor. Sabemos que puedes hacerlo. Pero aun si decides no quitarlo dale a ____ la gracia y el poder para soportar el dolor.

• •

Hoy estoy orando 2 Corintios 12:7-9 por ti, rogándole a Dios que quite tu dolor. ¡Cuánto le pido que te traiga alivio! Pero también le agradezco por la gracia que ha prometido proveer para que puedas soportar el dolor que Él no quite.

3

Oro para que esta prueba desarrolle tu resistencia

También por medio de él, y mediante la fe, tenemos acceso a esta gracia en la cual nos mantenemos firmes. Así que nos regocijamos en la esperanza de alcanzar la gloria de Dios. Y no solo en esto, sino también en nuestros sufrimientos, porque sabemos que el sufrimiento produce perseverancia; la perseverancia, entereza de carácter; la entereza de carácter, esperanza. Y esta esperanza no nos defrauda, porque Dios ha derramado su amor en nuestro corazón por el Espíritu Santo que nos ha dado.

Romanos 5:2-5

Continuamente, la Biblia nos pone por delante un futuro sobre el cual apoyarnos y para tener como mira: un futuro en el que seremos partícipes de la gloria santa, satisfactoria y gozosa de Dios. Pero, a veces, en medio del sufrimiento de esta vida, ese futuro parece sumamente lejano y con demasiados días difíciles de por medio.

En Romanos 5, Pablo parece querer cambiar nuestra manera de pensar y sentir respecto a los problemas y las pruebas que nos asedian mientras esperamos la gloria eterna. Parece querer que reconozcamos que los problemas y las pruebas de esta vida en realidad son productivas para nosotros, y nos ayudan a poner más plenamente nuestra esperanza en lo que Él tiene preparado para nosotros. En vez de sentirnos frustrados o resentidos por el sufrimiento en nuestras vidas, Pablo dice que podemos estar genuinamente felices. Este gozo se produce al reconocer que cada día, al experimentar la provisión de Dios de lo que necesitamos para resistir con fidelidad, algo se desarrolla en nosotros; una paciencia en las pruebas, un gozo robusto en la desilusión y una confianza firme en que el Dios que suplió lo que necesitábamos para atravesar este día también proveerá lo que necesitamos mañana.

Y a medida que resistimos con fidelidad, nos damos cuenta de que algo más está sucediendo. Una fortaleza de carácter se está desarrollando en nuestras vidas, de manera que nos volvemos menos susceptibles, con menos pretensiones de privilegio y menos egoístas. Reconocemos que el Espíritu Santo está obrando y transformándonos desde el interior. La cualidad genuina de nuestra fe fortalece nuestra confianza en que Dios realmente nos ha salvado, nos está salvando y, un día, nos salvará de este mundo enfermo de pecado para vivir en Su presencia. Cada vez nos convencemos más de que nunca lamentaremos poner toda nuestra esperanza en Cristo.

• •

Oración

Señor, a medida que _____ lidia con las dificultades de este día, ayúdale a recordar que estás obrando en medio de los problemas y la pruebas para desarrollar algo en _____. Haz tu obra y desarrolla perseverancia, para que _____ pueda confiar en ti y amarte hasta el final. Desarrolla un carácter como el de Cristo en _____, de manera que irradie la belleza del Señor para que todos la veamos. Llena a _____ de la seguridad de que nunca lamentará poner toda su confianza en ti y en lo que estás preparando para aquellos que te aman.

· ·

Hoy estoy orando Romanos 5:1-5 por ti, pidiéndole a Dios que desarrolle en ti todo lo que Él quiera en medio de los problemas y las pruebas que traiga el día de hoy. Le pido que te dé lo que necesitas para seguir adelante y que te llene de la seguridad de que nunca lamentarás poner toda tu esperanza en Él.

4

Oro para que el Señor te guarde

El Señor le ordenó a Moisés: «Diles a Aarón y a sus hijos que impartan la bendición a los israelitas con estas palabras: "El Señor te bendiga y te guarde; el Señor te mire con agrado y te extienda su amor; el Señor te muestre su favor y te conceda la paz"».

Números 6:22-26

A veces, cuando sufrimos, parece que Dios se ha vuelto contra nosotros, como si nos estuviera reteniendo Su bondad. Pero estas palabras de bendición que Dios le dijo a Moisés que pronunciara sobre Su pueblo mientras vagaba por el desierto deberían convencernos de lo contrario. Revelan la disposición resuelta de Dios para con Su pueblo, Su postura hacia aquellos a los que llama Suyos. Él desea bendecirnos y guardarnos, mirarnos con agrado y concedernos paz. Tomó la iniciativa para asegurarle a Su pueblo Su intención resuelta de bendecirlos. Quería dejar en claro que deseaba estar personalmente involucrado en sus vidas como la fuente de todo lo bueno que disfrutarían.

¿No es bueno saber que la disposición resuelta del Señor para contigo y con la persona por la que estás orando es de bendición?

Pero ¿que significa ser bendecido? Sin duda, al vivir en este mundo afectado por la maldición, hay muchas de nuestras experiencias que no identificaríamos como «bendiciones». Sin embargo, experimentar las bendiciones de Dios no implica tan solo obtener lo que *nosotros* consideramos que es bueno *de parte de* Dios. La esencia de la bendición es obtener más *de* Dios.

Cuando le pedimos al Señor que bendiga a la persona por la que estamos orando, le pedimos que la ayude a contentarse profundamente en Él. Oramos para que encuentre su hogar en Dios de manera tan segura que las circunstancias adversas no puedan sacudirla. Oramos para que perciba la sonrisa de Dios sobre su vida. El rostro del Señor es radiante para aquellos que le pertenecen, porque no nos ve por lo que somos por nuestra cuenta, sino por lo que somos en Cristo. No se concentra en lo que hicimos, bueno o malo, sino en lo que Cristo hizo a nuestro favor. Pedirle a Dios que bendiga a la persona por la que estamos orando es orar para que ella viva cada día con la paz de saber que Dios no es tacaño con Su gracia y Su bondad. La intención resuelta de Dios es mostrarnos Su favor, o gracia, cuando nos acercamos a Él. Dios nos mantendrá a salvo bajo Su cuidado, incluso si nuestro corazón es propenso a descarriarse.

• •

Oración

Señor, tú eres la fuente de toda bendición verdadera, y sabemos que te encanta bendecir a tu pueblo. Así que te pedimos que seas fiel a tu palabra. Bendice a _____ para que pueda percibir tu presencia; mantenlo seguro en tu amor; dale a _____ una sensación tangible de tu sonrisa sobre su vida; extiende gracia sobre _____; pon tu mirada sobre _____ con misericordia, y dale la clase de paz que solo viene de tu parte.

• •

Hoy estoy orando Números 6:22-26 por ti, pidiéndole al Señor que sea fiel a Su promesa de bendecirte y guardarte. Le pido que te haga conocer Su presencia, que te manifieste gracia y te conceda una paz sobrenatural. Oro para que tengas la gracia para vivir este día como si fueras bendecido... porque lo eres.

5

Oro para que no temas recibir
malas noticias

¡Aleluya! ¡Alabado sea el Señor! Dichoso el que teme al Señor, el que
halla gran deleite en sus mandamientos. [...] No temerá recibir malas
noticias; su corazón estará firme, confiado en el Señor.

Salmo 112:1, 7

Cuando hemos recibido una mala noticia tras otra —del médico, del
contador, del terapeuta, de familiares—, nos encontramos preparán-
donos para más malas noticias. Anticipar el próximo impacto puede
transformarse en una forma de vida.

No queremos que la persona por la que estamos orando adopte esta
manera de vivir. En cambio, oramos para que experimente el gozo que
se describe en el Salmo 112. Este salmo presenta una imagen idílica de las
vidas de aquellos que ponen su esperanza en el evangelio y que así reciben la justicia de Cristo por fe. Se deleitan en obedecer al Señor. Tener
confianza en que Dios cuidará de ellos parece hacerlos impermeables

al temor constante. No están siempre esperando la próxima catástrofe, que algo terrible suceda. Una persona así, según este salmo, no vive con temor a malas noticias.

Queremos que la persona por la cual estamos orando tenga la bienaventuranza de la confianza segura de que el Señor está comprometido a cuidarla. Queremos que no esté siempre viviendo al límite, sino que viva en paz, confiada al saber que las manos de Dios son el lugar más seguro para estar.

El Salmo 112 nos ayuda a ver que la respuesta a nuestras ansiedades constantes no es algún cambio que estemos esperando, sino más bien una postura de confianza centrada en Dios. Él es un Dios al que le encanta bendecir a Su pueblo. Cuando sabemos esto en lo profundo de nuestras almas, en vez de vivir con temor a malas noticias, vivimos con la expectativa confiada de que está obrando para nuestro bien y para Su gloria.

• •

Oración
Señor, reemplaza cualquier temor a malas noticias en el corazón y la mente de _____ con un temor de ti, confianza y esperanza en ti. Llena a _____ con el gozo que viene de temerte y el deleite que surge al obedecerte. Que las ansiedades sobre los problemas que enfrenta _____ hoy y sus temores sobre el futuro abran paso a una confianza segura de que estás obrando.

• •

Hoy estoy orando el Salmo 112 por ti, alabando al Señor por el gozo que les da a aquellos que le temen, de manera que no tengan que tener temor a malas noticias. Le pido que te conceda ese gozo.

6

Oro para que Dios te afirme
y te haga inconmovible

Por lo tanto, mis queridos hermanos, manténganse firmes e
inconmovibles, progresando siempre en la obra del Señor,
conscientes de que su trabajo en el Señor no es en vano.

1 Corintios 15:58

La esencia de nuestra esperanza como cristianos no está en gozar de la
mejor vida ahora, ni tan solo en ir al cielo cuando muramos. Más bien,
lo que la Biblia propone una y otra vez como esperanza para nosotros
es la promesa de la resurrección. Es más, Pablo declara que «si Cristo
no ha resucitado, […] la fe de ustedes también es inútil. […] y si no hay
resurrección de los muertos, entonces Cristo no ha resucitado […]. Y si
nuestra esperanza en Cristo es solo para esta vida, somos los más dignos
de lástima de todo el mundo» (1 Cor. 15:14, 16, 19, NTV).

Sin embargo, un día futuro de resurrección, cuando Cristo regrese a
la tierra y llame a nuestros cuerpos a salir de la tumba para reunirse con

nuestra alma, puede parecer sumamente etéreo y distante. Nos preguntamos si abrigar esperanzas en un día futuro de resurrección realmente puede significar alguna diferencia en la manera en que enfrentamos las dificultades de la vida hoy. Al final de este capítulo sobre la resurrección, Pablo señala la diferencia que debería significar una confianza firme en la resurrección en la vida de los creyentes. Debería hacernos firmes e inconmovibles. La seguridad en la resurrección futura nos sostiene hasta que haya terminado nuestra obra. Nos hace inconmovibles, y no perdemos el equilibrio ni nos derriban fácilmente. Nuestra mente está firmemente arraigada en la Palabra de Dios, de manera que las ideas necias no tienen punto de apoyo en nosotros. Cuando sopla el viento en nuestra vida en forma de dificultad, enfermedad, presiones financieras, contiendas relacionales o pérdidas, no cambiamos el rumbo. Permanecemos firmes y decididos en lo que es verdad, confiable y eterno. Permanecemos convencidos de la verdad del evangelio, y de que Cristo tiene la autoridad suprema sobre todas la cosas, incluso la muerte.

La promesa de la resurrección evita que creamos que esta vida nos provee todo lo que necesitamos. Reorienta nuestra mirada hacia la resurrección venidera, haciéndonos fuertes e inconmovibles al amar al Señor, deleitarnos en Sus promesas, cantar alabanzas y vivir de una manera que evidencie que realmente creemos que ese día se acerca.

· ·

Oración

Señor, que la verdad de la resurrección de Jesús y la certeza de la resurrección de todos los creyentes haga que _____ sea firme e inconmovible. Que afirme sus pies, para que solo te mire a ti como su única esperanza.

· ·

Hoy estoy orando 1 Corintios 15 por ti, pidiéndole a Dios que te conceda la esperanza de la resurrección, de manera que seas firme e inconmovible en tu amor y tu lealtad a Él. Oro para que lo sirvas con alegría, creyendo que tu amor y tu obediencia tendrán repercusiones eternas.

7

Oro para que encuentres comunión con Jesús a medida que participes de Sus sufrimientos

Lo he perdido todo a fin de conocer a Cristo, experimentar el poder que se manifestó en su resurrección, participar en sus sufrimientos y llegar a ser semejante a él en su muerte. Así espero alcanzar la resurrección de entre los muertos.

Filipenses 3:10-11

En medio del sufrimiento, solemos buscar a alguien «seguro» al cual podamos acercarnos. Nos sentimos más cómodos con aquellos que ya han pasado por esa situación, que ya sufrieron como nosotros estamos sufriendo, que ya han experimentado dolor en vez de mantenerse al margen.

En medio del sufrimiento, descubrimos que Jesús es una persona segura a la cual acercarnos. Él nos entiende. Se identifica con nosotros.

Mateo registra que, cuando fue al huerto de Getsemaní, le dijo a Pedro, Jacobo y Juan: «Es tal la angustia que me invade, que me siento morir» (Mat. 26:38; Mar. 14:34). Jesús entiende lo que es sentir que la angustia te consume la vida. Comprende la sensación de náuseas en el estómago, la pesadez en el pecho y el nudo en la garganta. Jesús sintió la presión del dolor de tal manera que tuvo una reacción física. Mientras derramaba Su corazón ante el Padre, pidiéndole que quitara la copa de sufrimiento que tenía por delante, gotas de sudor caían de Su frente. Jesús sabe lo que es pronunciar oraciones desesperadas para que Dios salve del sufrimiento. Y también sabe lo que es que Dios, con Su aparente silencio y falta de intervención, diga «no» a lo que pedimos.

La mayoría de nosotros dice que quiere estar más cerca de Jesús. Sin embargo, no queremos tener que sufrir para experimentar esa cercanía. No obstante, ¿cómo crees que podríamos acercarnos a un Salvador sufriente si nunca experimentamos el sufrimiento en carne propia?

• •

Oración
Señor, ¿podrías acercar a _____ a ti en medio del sufrimiento? Te ruego que le permitas gustar de lo que significa participar de tus sufrimientos. Llena a _____ de una sensación de comunión con Aquel que entiende la angustia abrumadora, el terror al dolor y las oraciones que no reciben la respuesta esperada.

• •

Hoy estoy orando Filipenses 3:10-11 por ti, pidiendo que experimentes la dulce comunión con Jesús a medida que participas de Sus sufrimientos, ¡y que esto te llene de la seguridad de que también participarás de Su resurrección!

8

Oro para que Dios te lleve a dar fruto

Yo soy la vid verdadera, y mi Padre es el labrador. Toda rama que en
mí no da fruto, la corta; pero toda rama que da fruto la poda para que
dé más fruto todavía.

Juan 15:1-2

Dios es el Jardinero maestro. Incluso ahora, sigue cuidando Su jardín, sustentándolo para que produzca una cosecha abundante. Y según este versículo, Su obra de jardinería incluye mucha poda. El Señor corta toda rama que no produce fruto. En otras palabras, aquellos que no están unidos de verdad a Él en una manera que produzca vida, cuyas vidas demuestren que están espiritualmente muertos, pueden anticipar que se los vaya a cortar de Su presencia vivificante.

Pero observa que también hay corte en las vidas de aquellos que están espiritualmente vivos. Dios está podando cualquier cosa que nos evite crecer, producir el fruto de Su Espíritu y transformarnos en todo lo que desea que seamos. Esta poda a menudo toma la forma de quitar

43

cosas en nuestras vidas que disfrutamos y valoramos. Suele doler. No parece justa. No parece correcta. Pero la poda no es para lastimarnos. Su intención es prepararnos para dar más fruto. La poda es necesaria para que florezcamos y crezcamos al máximo.

Cuando a una planta se la corta, puede parecer pelada durante un tiempo. Puede parecer que el jardinero fue completamente implacable, y que tal vez se le fue la mano. Entonces, las estaciones cambian y hay nuevo crecimiento en distintas direcciones, una nueva belleza y una forma diferente, vida que florece en lo que parecía dañado.

Esta es la verdad para cada uno de nosotros: Dios, el Jardinero maestro, está cortando algunas cosas en nuestras vidas. O nos cortará como descarte o nos podará para que demos más fruto. Oremos para que Su poda en nuestras vidas, y en las vidas de aquellos por los que estamos orando, produzca el fruto que Él desea.

• •

Oración

Padre, cuando veo tu obra de poda en la vida de _____, a veces parece que estás siendo cruel. Los cortes son dolorosos. Por favor, ayuda a _____ a confiar en que eres el Jardinero maestro. Sabes exactamente dónde cortar, cuándo cortar y cuánto cortar. Dale a _____ los ojos para ver que tienes un propósito al podar y que deseas que su vida produzca un fruto hermoso que le agrade y te honre. Mantenlo conectado en forma segura a Jesús, la vid verdadera.

• •

Hoy estoy orando Juan 15:1-2 por ti, pidiéndole a Dios que te mantenga conectado con seguridad a Jesús, la vid verdadera, aun si la poda que está llevando a cabo en tu vida es dolorosa. Le pido que corte con mucho cuidado, para que tu vida dé mucho fruto para Él.

9

Oro para que Dios disponga todas las cosas para tu bien

Ahora bien, sabemos que Dios dispone todas las cosas para el bien de quienes lo aman, los que han sido llamados de acuerdo con su propósito. Porque a los que Dios conoció de antemano, también los predestinó a ser transformados según la imagen de su Hijo, para que él sea el primogénito entre muchos hermanos.

Romanos 8:28-29

A nadie le gusta que le citen Romanos 8:28. Nos hace sentir que deberíamos estar agradecidos por las cosas en nuestra vida que claramente no son buenas, porque Dios sacará algo bueno de ellas. Parece enviar a algunos a una búsqueda para encontrar algo bueno que sucede como resultado directo de lo malo, y a evaluar si eso bueno hace que valga la pena sufrir. Sin embargo, todos nosotros estamos profundamente agradecidos porque Romanos 8:28 está en la Biblia. Significa que, si estamos en Cristo, podemos estar seguros de que nuestro sufrimiento no es al azar ni carece de sentido. Tiene un propósito. ¡Y cuánto deseamos que el sufrimiento en nuestras vidas tenga significado y propósito!

Tal vez las palabras más difíciles de tragar en Romanos 8:28 sean «todas las cosas». Significan que nada cae fuera de esta promesa. En Su soberanía, Dios ha decidido y puede usar incluso las peores cosas que podamos imaginar para nuestro bien.

Y no hace falta que nos pongamos a buscar qué es eso tan «bueno». En el versículo siguiente, Pablo nos lo dice. El buen propósito que Dios tiene en las dificultades, las catástrofes y las heridas de nuestra vida es este: que nos parezcamos más a Su Hijo, Jesús. El buen propósito de Dios es disponer para bien todo lo que experimentemos, encontremos y soportemos, para crear en nosotros un parecido de familia y una relación de familia con Su Hijo Jesús.

Para aceptar con gusto que Dios cumpla este propósito en nuestras vidas, es necesario soltar nuestro deseo de una vida cómoda. Sin embargo, esto nos permite abrazar una vida de propósito y significado, incluso cuando esta suponga dolor.

• •

Oración
Señor, o todo obra para nuestro bien, o nada tiene sentido. Dale a _____ una confianza profunda y sólida de que puedes y harás que todas las cosas obren para bien, porque _____ te pertenece. Usa este sufrimiento que nosotros no describiríamos como bueno para el bien de _____. Utilízalo para formar a _____ a la imagen de tu Hijo Jesús.

• •

Hoy estoy orando Romanos 8:28-29 por ti; pidiéndole a Dios, en Su soberanía, que disponga todas la cosas en tu vida —incluso y especialmente las difíciles y malas— para tu bien. Que Él cumpla Su buen propósito de conformarte cada vez más a la imagen de Su Hijo Jesús.

10

Oro para que goces de buena salud y seas fuerte en espíritu

El anciano, al querido hermano Gayo, a quien amo en la verdad. Querido hermano, oro para que te vaya bien en todos tus asuntos y goces de buena salud, así como prosperas espiritualmente. Me alegré mucho cuando vinieron unos hermanos y dieron testimonio de tu fidelidad, y de cómo estás poniendo en práctica la verdad. Nada me produce más alegría que oír que mis hijos practican la verdad.

3 Juan 1-4

En la breve carta de 3 Juan, podemos leer una carta personal entre el apóstol Juan y un hombre llamado Gayo, uno de los amados hijos espirituales de Juan. Alguien que había estado con Gayo hacía poco le había informado a Juan que Gayo estaba fortalecido en espíritu. En esta carta a su amigo, Juan le dijo a Gayo lo feliz que lo ponía recibir un informe tan positivo sobre el estado del alma de Gayo y la integridad de su vida, mientras se movía en la verdad del evangelio. Juan también le dijo a Gayo que estaba orando por él; que su salud física sería igual de fuerte que su salud espiritual.

Aquí nos ayuda ver que el amor de Juan por su querido amigo Gayo lo condujo a orar por su salud física. Estamos formados por cuerpo y alma, y amar a alguien implica interesarse por su salud física y espiritual, y orar por estas cosas. Pero a veces, no logramos el equilibrio adecuado. No tenemos problema de velar unos por otros en cuestiones de salud. Nos surge de manera natural pedir y ofrecer oración respecto a inquietudes de salud física. Sin embargo, no siempre nos movemos de esa manera a la hora de velar por otros en temas relacionados con la salud espiritual. Puede parecer algo demasiado personal. No queremos poner a nadie en una situación incómoda. Pocos de nosotros estamos dispuestos a levantar la mano cuando se toman pedidos de oración y decir que luchamos con la duda, el desánimo, el temor, la falta de oración o una resistencia a creer y obedecer a Dios. Preferiríamos atenernos a pedir oración por cuestiones físicas y tal vez más superficiales.

Pero si deseamos ser un amigo fiel de alguien que está sufriendo, queremos orar pidiendo salud en cuerpo y alma. Esto significa que tal vez tengamos que hacer una pregunta que puede parecer profundamente personal, al inquirir por el estado de su alma. Podríamos decir: «Estoy orando por varias de tus inquietudes de salud. ¿Cómo puedo orar por tu salud espiritual?».

• •

Oración
Señor, gracias porque tu amor y tu cuidado se extienden al cuerpo y el alma. Nuestros cuerpos son tan vulnerables a la enfermedad en este mundo, y nuestra alma también. Te pido que le des a _____ el vigor y la salud físicos que solo tú, el Sanador, puede proporcionar. También te ruego que le des discernimiento sobre áreas de enfermedad espiritual que necesitan tu toque sanador. Sana a _____ en cuerpo y alma para tu gloria y tu regocijo.

• •

Hoy estoy orando 3 Juan 1-4 por ti, pidiéndole a Dios que te dé salud en cuerpo y alma. Que puedas experimentar la fortaleza de espíritu que viene de poner en práctica la verdad del evangelio.

11

Oro para que no te preocupes por tu vida

¿Quién de ustedes, por mucho que se preocupe, puede añadir una sola hora al curso de su vida? Ya que no pueden hacer algo tan insignificante, ¿por qué se preocupan por lo demás? [...] El mundo pagano anda tras todas estas cosas, pero el Padre sabe que ustedes las necesitan. Ustedes, por el contrario, busquen el reino de Dios, y estas cosas les serán añadidas.

Lucas 12:25-26, 30-31

Cuando Jesús les hizo estas preguntas incisivas a Sus discípulos, ellos estaban llenos de ansiedad respecto a tener suficiente: suficiente alimento para comer y ropa para vestir. Por supuesto, nosotros también somos discípulos llenos de ansiedad respecto a si tendremos suficiente: suficiente energía para seguir lidiando con temas difíciles, suficiente discernimiento para ver con claridad los problemas y encontrar soluciones posibles, suficiente dinero para pagar las cuentas, suficiente tiempo para hacer lo que es necesario.

Jesús pregunta si la preocupación tiene el poder creativo para añadir algo a nuestra vida. Y apenas escuchamos la pregunta, sabemos la respuesta. Sabemos que, en realidad, toda la energía que dedicamos a preocuparnos tan solo nos quita la paz. Ninguno de nosotros tiene la capacidad, a través de la preocupación, de añadirle ni una hora a su vida ni a la vida de aquellos por los que está orando.

Pero sí tenemos algo que puede determinar una diferencia abismal cuando nos vemos tentados a preocuparnos: tenemos un Padre que conoce nuestras necesidades y proveerá todo lo que precisamos. Así que, en vez de marinarnos en nuestros temores sobre el futuro, podemos transformar cada preocupación que nos venga a la mente en oración, y así empezar a experimentar una confianza en Dios que nos lleve a descansar.

• •

Oración
Padre, la preocupación nos surge con tanta naturalidad. Ayuda a _____ a transformar cada preocupación que empiece a generar ansiedad en oración. Ayúdalo a no permanecer despierto por la noche repasando sus preocupaciones. Dale una confianza que lo lleve a descansar día y noche en un Padre amoroso que sabe lo que se necesita y está comprometido a proveerlo.

• •

Hoy estoy orando Lucas 12:25-31 por ti, pidiéndole al Padre que te ayude a no preocuparte y te dé una confianza que te lleve a descansar en que conoce tus necesidades y proveerá todo lo que precisas.

12

Oro para que consideres esta prueba una oportunidad para el gozo

Hermanos míos, considérense muy dichosos cuando tengan que enfrentarse con diversas pruebas, pues ya saben que la prueba de su fe produce constancia. Y la constancia debe llevar a feliz término la obra, para que sean perfectos e íntegros, sin que les falte nada.

Santiago 1:2-4

No nos resulta lógico que, cuando surgen problemas, debamos considerarlos oportunidades para una gran dicha. Lo más natural sería considerarlos oportunidades para quejarnos, dudar, sucumbir a la autocompasión o, sencillamente, sacar lo mejor de una mala situación hasta que se resuelva. Sin embargo, Santiago dice que deberíamos considerarlos de otra manera. En otras palabras, deberíamos cambiar nuestra forma de pensar en los problemas, de una manera que nos lleve a cambiar nuestros sentimientos.

Podemos tener gran gozo en medio de los problemas, al considerar lo que nuestra resistencia fiel en esas pruebas está logrando o generando en nuestro interior. Algo se está desarrollando dentro de nosotros que sencillamente no se puede desarrollar a través de la holgura, la comodidad o un mayor conocimiento bíblico. Dios quiere usar los problemas presentes para desarrollar en nosotros una dependencia más profunda, sólida y madura en Él. Y eso tiene el poder de llenarnos de gozo.

Nuestros problemas nos están dando la oportunidad de poner en práctica la fe que proclamamos. Cuando nuestra fe es puesta a prueba, somos llamados a perseverar, a seguir decidiendo confiar, descansar y hallar consuelo solo en Dios. Y cuando perseveramos, descubrimos que estamos «madurando» en nuestra fe. Nuestras raíces se están haciendo más profundas en Dios. El gozo surge cuando salimos del sufrimiento como personas que tienen una estabilidad y una determinación que nos hace menos propensos a ser sacudidos por situaciones difíciles en el futuro.

· ·

Oración
Señor, ¿le darías a _____ la habilidad de pensar en los problemas de manera distinta a los demás? Ayúdala a considerar esto como una oportunidad para gran dicha. A medida que su fe es probada, haz que crezca y se desarrolle constancia en ella, haciéndola perfecta e íntegra, sin que le falte nada.

· ·

Hoy estoy orando Santiago 1:2-4 por ti, pidiéndole a Dios que te ayude a considerar los problemas en tu vida como una oportunidad para el gozo. Sé que parece extraño. Pero le pido al Señor que tengas el gozo que viene de creer y percibir que esta prueba está desarrollando tu constancia y transformándote en la creyente madura que Él desea que seas.

13

Oro para que Dios te dé una fe de «pero aun si no...»

Sadrac, Mesac y Abednego le respondieron a Nabucodonosor: —¡No hace falta que nos defendamos ante Su Majestad! Si se nos arroja al horno en llamas, el Dios al que servimos puede librarnos del horno y de las manos de Su Majestad. Pero, aun si nuestro Dios no lo hace así, sepa usted que no honraremos a sus dioses ni adoraremos a su estatua.

Daniel 3:16-18

Seguramente, era algo digno de ser visto. Miles de personas de todo el reino de Babilonia se reunieron a dedicar la estatua de oro de 27 metros [90 pies] de alto que Nabucodonosor había encargado. Tal como se requería, todos se inclinaron ante la estatua. Pero en medio del mar de gente con el rostro al suelo, tres hombres permanecieron de pie, sabiendo muy bien que había un horno encendido para todos los que no se inclinaran. Fueron llamados ante el rey Nabucodonosor, el cual les dijo a los tres jóvenes: «En cuanto escuchen la música de los instrumentos musicales, más les vale que se inclinen ante la estatua que he mandado hacer y que la adoren. De lo contrario, serán lanzados de inmediato a un horno en llamas, ¡y no habrá dios capaz de librarlos de mis manos!» (Dan. 3:15).

Sadrac, Mesac y Abednego sabían que su Dios podía rescatarlos. Lo que no sabían era si ese rescate era parte de Su plan divino. ¿Qué permitió que Sadrac, Mesac y Abednego enfrentaran el fuego sin saber si Dios los rescataría? La promesa de Dios de un rescate final a un reino eterno y su seguridad en la resurrección final.

Cuando termina el libro de Daniel, leemos que el arcángel Miguel le señaló a Daniel un día en el futuro, cuando «tu pueblo será liberado: todos los que están inscritos en el libro, y del polvo de la tierra se levantarán las multitudes de los que duermen, algunos de ellos para vivir por siempre, pero otros para quedar en la vergüenza y en la confusión perpetuas. Los sabios resplandecerán con el brillo de la bóveda celeste; los que instruyen a las multitudes en el camino de la justicia brillarán como las estrellas por toda la eternidad» (Dan. 12:1-3). La confianza en esta realidad futura era la que los llenaba de valor y la que sigue llenando a los creyentes con la valentía para enfrentar los fuegos de la vida.

· ·

Oración
Señor, sabemos que puedes rescatar, sanar, proteger, proveer y hacer obras milagrosas. Pero no sabemos si así es como quieres ser glorificado en esta circunstancia. Por favor, dale a _____ la clase de fe que le permitirá confiar en ti, incluso si no lo rescatas como quisiéramos. Dale el valor para poner toda su confianza en tu rescate supremo el día de la resurrección.

· ·

Hoy estoy orando Daniel 3:16-18 por ti, pidiéndole a Dios que te dé una confianza sólida en la seguridad de Su reino y la certeza de Su rescate supremo de la muerte, para que puedas enfrentar la incertidumbre de Su rescate en tus circunstancias actuales.

14

Oro para que Dios te dé gracia para esperar

No me reprendas, Señor, en tu ira; no me castigues en tu furor. Tenme compasión, Señor, porque desfallezco; sáname, Señor, que un frío de muerte recorre mis huesos. Angustiada está mi alma; ¿hasta cuándo, Señor, hasta cuándo? Vuélvete, Señor, y sálvame la vida; por tu gran amor, ¡ponme a salvo!

Salmo 6:1-4

Puede ser sumamente difícil esperar a que Dios sane y restaure. Oramos con fervor durante tres o cuatro días, y pensamos que perseveramos en oración. Por supuesto, cuando hemos estado orando meses o años y no vemos ninguna evidencia tangible de que Dios esté obrando en respuesta a nuestras oraciones fieles, podemos empezar a perder la esperanza. Nos preguntamos si el cielo estará cerrado para nosotros o si habrá alguien allí que esté escuchando y pueda actuar.

Podemos identificarnos con el clamor de David, cuando dice: «¿Hasta cuándo, Señor...?». Nos da palabras para expresar nuestra propia frustración con lo que a veces puede parecer una lentitud por parte de Dios. Pero sus palabras también nos recuerdan a quién estamos orando. David estaba orando al Dios de amor inagotable. Eso era aquello que lo hacía seguir perseverando en la oración, aunque le pareciera que era demasiado tiempo. Sabía que la naturaleza esencial de Dios es ser misericordioso, y que estaba orando a un Dios que oye, responde y rescata. Así que seguía orando.

Cuando estamos desconsolados, atribulados en cuerpo y alma, y nos preguntamos si Dios estará escuchando nuestras oraciones, podemos estar seguros de que nos ha oído. Cuando estamos agotados de llorar, podemos estar seguros de que el Señor ha visto nuestras lágrimas. Ha escuchado nuestros ruegos y responderá. Tal vez no lo haga hoy ni mañana. Es más, Dios quizás no complete en esta vida la sanidad y la restauración que anhelamos para la persona por la cual estamos orando. Pero podemos estar seguros de que llegará el día en que Su obra en nuestras vidas y las vidas de aquellos que amamos se completará. Él regresará. Rescatará. Salvará debido a Su amor inagotable.

• •

Oración

Señor, a veces, parece que obras de manera tan lenta. Dale a _____ la paciencia para esperar que hagas todo lo que pretendes hacer. Incluso cuando _____ no vea que estás obrando, dale la fe para creer que, en realidad, sí estás obrando en la espera. Aun cuando parezca que la demora es larga, dale a _____ la fe para confiar en que cumplirás todo lo que quieres cumplir justo a tiempo.

• •

Hoy estoy orando el Salmo 6 por ti, el cual nos presta las palabras para expresar lo difícil que es esperar que Dios haga Su obra de sanidad y restauración. Oro para que Dios te dé la gracia para esperar en Él y para seguir pidiéndole que te sane en cuerpo y alma.

15

Oro para que puedas concentrarte en correr hacia el premio celestial

... sigo adelante esperando alcanzar aquello para lo cual Cristo Jesús me alcanzó a mí. Hermanos, no pienso que yo mismo lo haya logrado ya. Más bien, una cosa hago: olvidando lo que queda atrás y esforzándome por alcanzar lo que está delante, sigo avanzando hacia la meta para ganar el premio que Dios ofrece mediante su llamamiento celestial en Cristo Jesús.

Filipenses 3:12-14

En medio de las dificultades, puede ser fácil obsesionarse con nuestro dolor, que nos impide pensar en cualquier otra cosa. Con facilidad, terminamos absortos en hacer todo lo posible por alcanzar la buena vida aquí y ahora. Pero en la carta de Pablo a los creyentes en Filipos, vemos que el apóstol estaba concentrado en algo completamente diferente en medio de su sufrimiento en la prisión.

Pablo consideraba esta vida en Cristo como una carrera que tiene una línea de llegada. Y estaba concentrado en terminar bien su carrera.

Quería seguir invirtiendo todo lo que pudiera para extender el reino de Dios. Se negaba a permitir que el sufrimiento de la prisión lo adormeciera y lo llevara a la pasividad, a la búsqueda de comodidades o al egoísmo. En vez de concentrarse en que tenía frío, se sentía olvidado, lo trataban con dureza y lo habían acusado injustamente, Pablo se concentró en la meta suprema de la vida en Cristo: llegar al final de la carrera y recibir el premio celestial, el «bien hecho» del Padre. Estaba concentrado en vivir al máximo para Cristo en esta vida, creyendo que esto resultaría en una recompensa y en gozo en la vida por venir.

El ejemplo de Pablo de concentrarse en esto, en lo que nos espera en el cielo, nos desafía a evaluar nuestro propio foco en medio del sufrimiento. Concentrarnos en lo que vendrá llena nuestro día a día de un propósito eterno. Dejamos de intentar traer a la fuerza al aquí y ahora todo lo que nos espera en la nueva creación, y en cambio, seguimos «adelante esperando alcanzar aquello para lo cual Cristo Jesús [nos] alcanzó a [nosotros]».

. . . .

Oración
Señor, escuchamos tu llamado a seguir adelante en esta carrera, la cual nos está llevando a una vida celestial contigo. Perdónanos por ser tan estrechos de vista y esperar que podamos experimentar todas las alegrías y perfecciones del cielo aquí en la tierra. Llena a _____ con la energía que necesita para seguir adelante hoy y mañana y todos los días que le quedan. Llénala de una mayor anticipación por lo que está por venir, para que pueda concentrar sus pensamientos, sus palabras y acciones en alcanzar el premio celestial.

. . . .

Hoy estoy orando Filipenses 3:12-14 por ti, pidiéndole a Dios, mediante Su Espíritu, que te dé la energía y la visión clara que necesitas para seguir adelante hacia el premio celestial que te espera al final de tu carrera.

16

Oro para que vivas de manera
que agrade al Señor

Por eso, desde el día en que lo supimos, no hemos dejado de orar por
ustedes. Pedimos que Dios les haga conocer plenamente su voluntad
con toda sabiduría y comprensión espiritual, para que vivan de manera
digna del Señor, agradándole en todo. Esto implica dar fruto en toda
buena obra, crecer en el conocimiento de Dios y ser fortalecidos en todo
sentido con su glorioso poder. Así perseverarán con paciencia en toda
situación, dando gracias con alegría al Padre. Él los ha facultado para
participar de la herencia de los santos en el reino de la luz.

Colosenses 1:9-12

Es bueno preguntarle a la persona por la cual estamos orando si hay algo en particular por lo que quiere que oremos. Por supuesto, a menudo, tendrá algo específico por lo cual querrá que oremos. Ha determinado lo que le parece que sería el mejor desenlace de la crisis que está enfrentando y nos pedirá que le pidamos a Dios que obre para alcanzar el desenlace preferido.

Pero ¿nuestra estimación humana de lo que sería mejor es algo confiable como para orar por eso? Y si no, ¿cómo sabemos lo que sería confiable y por qué orar? Pablo nos señala el mejor fin posible en su oración por los creyentes de Colosas. Dice que, desde que tuvo noticias de ellos, no dejó de orar por sus hermanos. Había algo importantísimo que debía desarrollarse en sus vidas, así que el apóstol oraba constantemente al respecto. Es lo mismo que tiene que desarrollarse en nuestras vidas y en la vida de la persona por la que estamos orando.

Pablo parece entender algo sobre la naturaleza humana. Nos inclinamos a buscar aquello que nos agrada. Nos surge de manera natural organizar nuestras vidas y compromisos alrededor del placer personal. Pero lo que mantenía a Pablo de rodillas para orar por los cristianos colosenses es que tuvieran la sabiduría y el entendimiento espiritual para vivir con otro objetivo en mente. Oró para que orientaran sus vidas a la búsqueda de honrar y agradar al Señor. Quería que conocieran la voluntad de Dios, pero no tan solo como un logro intelectual. Oraba para que a medida que crecieran en su conocimiento de lo que las Escrituras revelan que agrada a Dios, persistieran en conformar sus vidas a ello, para así honrar y agradar al Señor.

• •

Oración

Señor, hoy te pido y nunca dejaré de pedirte por _____, para que _____ siempre quiera conocer tu voluntad y la sabiduría y el discernimiento espiritual para ponerla en práctica. Dale el deseo de vivir de tal manera que te honre y te agrade. Obra en _____ para producir toda clase de fruto bueno.

• •

Hoy estoy orando Colosenses 1:9-12 por ti, pidiéndole a Dios que te dé un conocimiento completo de Su voluntad. Le pido que te dé la clase de sabiduría y discernimiento espiritual que te permitan orientar tu vida a agradarle y honrarle.

17

Oro para que haya una cosecha de justicia en tu vida

En efecto, nuestros padres nos disciplinaban por un breve tiempo, como mejor les parecía; pero Dios lo hace para nuestro bien, a fin de que participemos de su santidad. Ciertamente, ninguna disciplina, en el momento de recibirla, parece agradable, sino más bien penosa; sin embargo, después produce una cosecha de justicia y paz para quienes han sido entrenados por ella.

Hebreos 12:10-11

Hay una gran diferencia entre el castigo y la disciplina. El castigo es algo punitivo, para que la persona pague por algo que hizo mal. Todos los que están en Cristo no deben temer que su sufrimiento sea un resultado del castigo por el pecado. ¿Cómo lo sabemos? Porque Cristo ya fue castigado por nuestro pecado, para que nosotros no tengamos que serlo.

Sin embargo, la disciplina es diferente. Tiene un propósito. La disciplina es algo que hace un padre amoroso. El escritor de Hebreos nos dice: «porque el Señor disciplina a los que ama», y «ninguna disciplina, en el momento de recibirla, parece agradable, sino más bien penosa» (Heb. 12:6, 11). «Lo que soportan es para su disciplina», exhorta el autor. «Dios lo hace para nuestro bien» (Heb. 12:7, 10). Dios es el padre perfecto. Su disciplina nunca es demasiado severa ni inadecuada. No siempre sabemos cómo disciplinar mejor a nuestros hijos, pero Dios sí lo sabe. Siempre sabe y hace lo correcto.

Por supuesto, a nadie le gusta experimentar la disciplina en el momento. Nos sabe a adversidad, pérdida y dolor. Pero podemos soportar Su disciplina en nuestras vidas porque, aunque dolorosa, confiamos en su propósito. El propósito de Dios al disciplinarnos es que «participemos de su santidad». Dios quiere que Sus hijos tengan el parecido familiar. Desea que vivamos de tal manera que demuestre que compartimos las pasiones y las prioridades de nuestro Padre. Cuando estamos dispuestos a ser entrenados por Su disciplina, a dejar que nos moldee y nos forme, algo hermoso sucede. Algo florece en nuestras vidas: una cosecha pacífica de una vida justa.

• •

Oración
Padre celestial, nunca superamos nuestra necesidad de tu disciplina amorosa. Así que, sigue amando a _____ al disciplinarla como solo tú puedes. Pero por favor, sé tierno. Dale a _____ la gracia para soportar tu disciplina divina y dale el gozo de experimentar una cosecha pacífica de vida justa a medida que vaya participando de tu santidad.

• •

Hoy estoy orando Hebreos 12 por ti, pidiéndole a tu Padre celestial que sea tierno contigo mientras obra en y a través del sufrimiento en tu vida para disciplinarte de manera que participes cada vez más de Su santidad.

18

Oro para que Dios te dé la fe para confiar en Él

Estos confían en sus carros de guerra, aquellos confían en sus corceles,
pero nosotros confiamos en el nombre del Señor nuestro Dios.

Salmo 20:7

Habría sido perfectamente lógico que el rey de Israel pusiera su confianza en el tamaño y las capacidades de su ejército. Es lo que hacían los reyes en su época. Pero David no era como los demás reyes. Sabía que era el vicerregente de un Rey mayor, el cual era la verdadera fuente de seguridad para Su pueblo. Así que, en vez de confiar en la potencia militar, David estaba decidido a confiar solo en Dios. Proclamó: «Ahora sé que el Señor salvará a su ungido, que le responderá desde su santo cielo y con su poder le dará grandes victorias» (Sal. 20:6).

De manera similar, es perfectamente lógico que pongamos nuestra confianza en muchas cosas que parecen ofrecer seguridad. Ponemos nuestra confianza en una buena atención médica y buenos hábitos.

Encontramos seguridad en cuentas bancarias y pólizas de seguro. Ponemos nuestra confianza en nuestro propio poder de persuasión o nuestra determinación.

Pero algo fundamental a la hora de seguir a Dios es transformarlo en el centro y la fuente de nuestra seguridad. No queremos poner nuestra confianza en protecciones y soluciones de este mundo. Sabemos que nuestro futuro no depende de la protección, las oportunidades o el ingreso que podamos asegurarnos. Confiamos en el nombre del Señor nuestro Dios. Al menos, eso queremos.

Necesitamos la ayuda del Señor para poner nuestra confianza en Él para nuestra provisión, en lugar de confiar en cuentas bancarias y pólizas de seguro. Necesitamos Su ayuda para confiar en Su protección, en lugar de confiar en sistemas de salud y medidas de seguridad. Necesitamos Su ayuda para confiar en que ha ordenado de antemano cada día de nuestras vidas, en lugar de confiar en nuestros propios planes y sueños. Necesitamos Su ayuda para confiar en lo que Cristo logró a nuestro favor, en vez de confiar en lo que nosotros podemos lograr. Así que oramos, pidiéndole la fe para confiar en Él en todas las cosas.

• •

Oración

Señor, nos resulta tan natural confiar en lo que podemos ver y tocar en vez de en un Dios al cual no podemos ver. Así que te pido que le des a _____ ojos de fe, para ver cuán digno de confianza eres. Eres la única seguridad real y duradera en este mundo incierto. Ayuda a _____, Señor, cuando se vea tentado a poner su esperanza y su confianza en lo que puede parecer seguro, pero en última instancia es inestable. Sigue llamándolo a confiar en ti con todo su corazón.

• •

Hoy estoy orando el Salmo 20:7 por ti, pidiéndole a Dios que te dé la fe que necesitas para confiar en Él en todo. Oro para que te niegues a confiar en cualquier otra cosa o en cualquier otra persona en este mundo para la seguridad y la salvación supremas que solo Dios puede proveer.

19

Oro para que permanezcas fiel

Yo, por mi parte, ya estoy a punto de ser ofrecido como un sacrificio,
y el tiempo de mi partida ha llegado. He peleado la buena batalla,
he terminado la carrera, me he mantenido en la fe. Por lo demás me
espera la corona de justicia que el Señor, el juez justo, me otorgará en
aquel día; y no solo a mí, sino también a todos los que con amor hayan
esperado su venida.

2 Timoteo 4:6-8

Nuestra cultura moderna suele negar la realidad de que la muerte nos llega a todos y a menudo, antes de lo que esperamos. Algunos incluso consideran que es morboso considerar estas cosas. Sin embargo, no encontramos esto en la Biblia. La Biblia nos anima a vivir a la luz de la realidad de la muerte.

En las últimas palabras de la carta de Pablo a Timoteo, su hijo en la fe, Pablo escribe una despedida que quisiéramos poder emular. Quisiéramos poder lograr todo lo que él logró cuando nuestra vida esté llegando a su fin. Pablo había escrito mucho antes a los filipenses: «deseo partir y estar con Cristo, que es muchísimo mejor» (1:23). Ahora, ese anhelo estaba a punto de cumplirse. Sin embargo, Pablo no muestra ningún temor a la muerte. Había derramado su vida como una ofrenda, como sacrificio vivo, durante 30 años. Estaba en paz al enfrentarse a la muerte porque no la veía como el final.

Pablo había peleado la buena batalla contra el desánimo, la incredulidad y la autocompasión. No se dio por vencido cuando las cosas se pusieron difíciles. Se mantuvo aferrado a la fe. Siguió tomándole la palabra a Cristo, confiando en Su obra terminada y guardando el evangelio.

Puede ser difícil imaginar un día en el que se nos termine el tiempo y nos preparemos para dejar esta vida e ir a la próxima. Sin embargo, es un día que nos llegará a todos. Ah, que podamos hacernos eco de estas palabras de Pablo; que nuestras vidas evidencien la misma lucha, la misma resistencia y la misma fe robusta.

• •

Oración

Señor, no sabemos si la muerte de _____ está cerca o en un futuro lejano. Pero sí sabemos que, a menos que regreses primero, ese día llegará. Llena a _____ con la voluntad de seguir peleando la batalla de la fe, de seguir corriendo la carrera y permanecer fiel. Incluso desde ahora, pon su corazón en aquel día en que reciba el premio, luego de haberte esperado con ansias.

• •

Hoy estoy orando 2 Timoteo 4:6-8 por ti, pidiéndole a Dios que te provea lo que necesitas para seguir peleando la batalla de la fe, seguir corriendo la carrera de la fe y para permanecer lleno de fe en Cristo y Su recompensa prometida. Le pido que aumente tu ansia de Su regreso.

20

Oro para que confíes en Dios y no en ti mismo

Hermanos, no queremos que desconozcan las aflicciones que sufrimos en la provincia de Asia. Estábamos tan agobiados bajo tanta presión que hasta perdimos la esperanza de salir con vida: nos sentíamos como sentenciados a muerte. Pero eso sucedió para que no confiáramos en nosotros mismos, sino en Dios, que resucita a los muertos.

2 Corintios 1:8-9

Aun si sabemos que eso de «Dios ayuda a los que se ayudan a ellos mismos» no está en la Biblia, a veces vivimos como si fuera una verdad del evangelio. A la mayoría de nosotros no nos gusta necesitar de otros o tener que depender de alguien. Queremos descubrir y llevar a cabo nuestras propias soluciones a los problemas que tenemos. Deseamos ser fuertes, capaces y que nos reconozcan por superar las dificultades. Solemos suponer que la autosuficiencia es algo que Dios valora tanto como nosotros. Pero evidentemente, no es así. Como nuestro Padre celestial, Dios obra en medio de circunstancias abrumadoras para hacer que dependamos plenamente de Él en vez de nosotros mismos.

En su segunda carta a los corintios, Pablo describió un momento en el cual él y sus compañeros de ministerio estaban en una situación tan terrible que pensaron que iban a morir. No importa qué haya sido ni qué la haya causado en términos humanos, Pablo veía que Dios estaba obrando para su bien. Dios estaba usando esas circunstancias para librar a Pablo y a sus compañeros de cualquier tendencia que les quedara a querer salvarse a ellos mismos. Evidentemente, estaban en una situación en la cual no podían depender de su propia creatividad, capacidades, esfuerzos o ingenio. Su única fuente de salvación era Dios. Y como queda claro, fue bueno que entendieran que Dios era su única esperanza. El Señor usó esta prueba para enseñarle a Pablo a depender más plenamente de Él.

De la misma manera, Dios usa las situaciones en las cuales tocamos fondo y nos quedamos sin recursos para acercarnos más a Él, y recordarnos que valora la dependencia y no la independencia.

. . . .

Oración

Señor, hay días en los que _____ se siente abatido y abrumado, y le parece que ya no puede soportar más. Ayúdalo a ver este problema como una oportunidad para aprender a confiar más en ti. Tú eres el Dios que levanta a los muertos, lo cual significa que tienes el poder de traer vida de la muerte. Muestra tu poder en la vida de _____ como tú quieras.

. . . .

Hoy estoy orando 2 Corintios 1:8-9 por ti, pidiéndole a Dios que, cuando te sientas abrumado y te parezca que ya no puedes seguir adelante, experimentes lo que significa confiar más plenamente en Dios en vez de en ti mismo.

21

Oro para que ames y perdones a los demás como Dios te ha amado y perdonado

Por lo tanto, como escogidos de Dios, santos y amados, revístanse de afecto entrañable y de bondad, humildad, amabilidad y paciencia, de modo que se toleren unos a otros y se perdonen si alguno tiene queja contra otro. Así como el Señor los perdonó, perdonen también ustedes. Por encima de todo, vístanse de amor, que es el vínculo perfecto. Que gobierne en sus corazones la paz de Cristo, a la cual fueron llamados en un solo cuerpo. Y sean agradecidos.

Colosenses 3:12-15

Cuando parte de nuestro cuerpo está amoratado o quemado, tenemos mucha más sensibilidad si allí se nos aplica presión. Cuando algo o alguien nos roza, reaccionamos. De manera similar, cuando estamos experimentando algún dolor físico, emocional o relacional, estamos más sensibles y es más probable que reaccionemos cuando tenemos un roce con alguien. Nuestras respuestas rápidas y a menudo ásperas pueden ser hirientes para aquellos que nos rodean y dañar nuestro testimonio y nuestras relaciones. En esos momentos es cuando más necesitamos que las cualidades de Cristo desborden de nuestras vidas y se extiendan a los que nos rodean.

Como receptores de la misericordia tierna, la bondad, la amabilidad y la paciencia de Dios, queremos extender misericordia tierna, bondad, amabilidad y paciencia en nuestras palabras y conducta a los demás. Queremos que nuestras reacciones y relaciones estén marcadas por un sentido de armonía y paz que surge de que Cristo gobierne en nuestro corazón. Como nuestro Padre celestial nos ha mostrado una gracia tan abundante, queremos extender gracia a aquellos que nos hieren o nos desilusionan. Debemos darles margen a los demás para que se equivoquen, y perdonarlos si nos ofenden. Tenemos que resistir el deseo de llevar la cuenta de los males que nos hacen. En lugar de ponernos como receptores principales de cuidado e interés, empezamos a ocuparnos de las necesidades de los demás. Como personas a las que nuestro Padre celestial ha amado profundamente, queremos vestirnos de Su manera de amar.

• •

Oración
Señor, te pido que la misericordia tierna, la bondad, la humildad, la amabilidad y la paciencia que le has mostrado a ____ desborde y alcance a los que la rodean. Ayúdala a reconocer qué vale la pena confrontar y corregir, y qué debería pasarse por alto. Que la paz de Cristo reine en el corazón de _____.

• •

Hoy estoy orando Colosenses 3:12-15 por ti, pidiéndole a Dios que permita que el torrente de misericordia, bondad, amabilidad y paciencia que te ha mostrado desborde de tu interior hacia aquellos que te hieren o te ofenden con sus palabras y acciones. Pido que Su paz gobierne en tu corazón hoy y cada día.

22

Oro para que no cedas ante el desánimo

¿Por qué voy a inquietarme? ¿Por qué me voy a angustiar? En Dios
pondré mi esperanza y todavía lo alabaré. ¡Él es mi Salvador y mi Dios!
Salmo 42:5

El desánimo profundo no es algo sencillo de superar. Necesitamos ayuda divina. Y eso es lo que nos brinda el Salmo 42.

Allí, el salmista siente nostalgia de Dios, anhela volver a sentirse cerca de Él, y pregunta: «¿Cuándo podré presentarme ante Dios?» (Sal. 42:2). Las dificultades de su vida parecen burlarse de su dependencia de Dios: «Mis lágrimas son mi pan de día y de noche, mientras me echan en cara a todas horas: "¿Dónde está tu Dios?"» (Sal. 42:3). Empieza recordando cómo eran las cosas cuando se sentía cerca de Dios y podía cantar de alegría con verdadera convicción. Cuando compara cómo era todo antes con la actualidad, se le rompe el corazón.

Pero es como si algo lo sobresaltara y lo sacara de su trayectoria para llevarlo hacia la desesperación. Empieza a cuestionar sus propios sentimientos y suposiciones. En vez de aceptar sus sentimientos bien reales de desesperación y permitir que lo definan, empieza a interrogarlos. Se pregunta por qué está tan desanimado y triste. En lugar de escucharse solo a sí mismo, empieza a predicarse la verdad sobre quién es Dios. Decide traer a la mente la manera en que el Señor derrama a diario Su amor sobre él, la manera en que está ahí para escuchar sus oraciones durante la noche.

David nos muestra cómo pelear contra el desánimo en la práctica. Le habla a su propia alma, animándola a poner su esperanza en Dios, en lugar de ceder a la desesperación. Y nosotros podemos hacer lo mismo al apropiarnos de las palabras del Salmo 42, recordándonos que debemos esperar en Dios en vez de ceder ante el desánimo.

· ·

Oración
Gracias, Señor, por darnos palabras en este salmo, no solo para hablarte o para decir algo sobre ti, sino palabras para predicarnos a nosotros mismos en medio del dolor y el desánimo. Oro para que, cuando _____ esté profundamente desanimado y no pueda ver el camino por delante, cuando las emociones le susurren que no hay razón para esperar nada bueno en el futuro, tú le des la voluntad para decir: «¡En Dios pondré mi esperanza!». Llena a _____ de una esperanza tangible que diluya el desánimo.

· ·

Hoy estoy orando el Salmo 42 por ti, pidiéndole a Dios que disipe cualquier desánimo con una esperanza genuina. Oro para que no solo escuches tus propios pensamientos desesperados, sino que les respondas, recordándote que tu esperanza está en Dios.

23

Oro para que sonrías al pensar en la herencia que hay reservada en el cielo para ti

¡Alabado sea Dios, Padre de nuestro Señor Jesucristo! Por su gran misericordia, nos ha hecho nacer de nuevo mediante la resurrección de Jesucristo, para que tengamos una esperanza viva y recibamos una herencia indestructible, incontaminada e inmarchitable. Tal herencia está reservada en el cielo para ustedes, a quienes el poder de Dios protege mediante la fe hasta que llegue la salvación que se ha de revelar en los últimos tiempos.

1 Pedro 1:3-5

Por más que queramos ahorrar e invertir, conservar y proteger, todas nuestras posesiones y riquezas en este mundo son vulnerables; vulnerables al mal uso, a una mala administración, al deterioro, a los mercados inestables o al robo. Esta vulnerabilidad puede generar mucho temor.

Puede dejarnos desesperados por seguridad al enfrentarnos a un futuro incierto.

Aquí es cuando necesitamos meditar en la fuente suprema de nuestra seguridad. Nuestra seguridad no es nada que podamos crear o acumular aquí y ahora. No se guarda en una bóveda ni en una cuenta en la tierra, sino en el cielo, el lugar de seguridad y riqueza supremas, el lugar de gozo y satisfacción increíbles. Cuando entremos al cielo nuevo y la tierra nueva y tomemos posesión de la herencia que está siendo preparada y protegida para nosotros, no nos desilusionaremos. Estaremos llenos de gozo para recibir todo lo que Dios tiene para nosotros y todo lo que Él será para nosotros.

Pero Dios hace más que proteger nuestra herencia en el cielo. También nos protege hasta que recibimos esta herencia: «el poder de Dios protege mediante la fe hasta que llegue la salvación», escribe Pedro. Qué buena noticia que nuestra salvación no dependa de nuestra capacidad de aferrarnos a Cristo, ¡sino de la capacidad de Cristo de aferrarse a nosotros!

• •

Oración

Por fe en tu palabra, te veo con los brazos abiertos, Señor. En una mano, tienes una herencia insondable, y en la otra, sostienes a _____. Ambas están a salvo contigo. Por favor, llena a _____ de una sensación apacible de seguridad. Llénala de gozo hoy por todo lo que podrá disfrutar para siempre.

• •

Hoy estoy orando 1 Pedro 1:3-5 por ti, pidiéndole a Dios que te dé una sensación apacible de seguridad en Él. Oro para que esto te haga sonreír cuando pienses en todo lo que ganarás en Su presencia cuando dejes esta vida y pases a la próxima.

24

Oro para que percibas al Espíritu Santo orando por ti

*Así mismo, en nuestra debilidad el Espíritu acude a ayudarnos. No
sabemos qué pedir, pero el Espíritu mismo intercede por nosotros con
gemidos que no pueden expresarse con palabras. Y Dios, que examina
los corazones, sabe cuál es la intención del Espíritu, porque el Espíritu
intercede por los creyentes conforme a la voluntad de Dios.*

Romanos 8:26-27

A veces, en medio de las dificultades, decimos: «Supongo que lo único
que puedo hacer es orar». Pero cuando la cosas no solo van de mal en
peor, sino de angustiantes a insoportables, a veces nos resulta imposible formar una oración significativa. No podemos pensar con claridad
suficiente como para conectar las promesas de Dios con nuestra experiencia. Y Dios parece muy lejano.

Es entonces, cuando tocamos fondo, que entramos en un misterio
profundo. Cuando quedamos completamente desamparados, el Espíritu

Santo nos ayuda. Cuando no podemos armar las palabras para ofrecer una oración coherente, el Espíritu Santo ora por nosotros, no con palabras, sino con gemidos que no pueden expresarse en palabras. Cuando las palabras y las frases conocidas parecen huecas y mecánicas, podemos depender del Espíritu Santo para que ore a nuestro favor. El Espíritu hace oraciones profundas, apasionadas, perfectas.

Cuando estamos débiles —desechos, confundidos, angustiados, sin poder pensar con claridad y abrumados por la ansiedad—, qué bueno es saber que el Espíritu no solo mora en nosotros, sino que nos ayuda. Alivia nuestra carga. Viene a nuestro lado y participa de esta obra de oración.

• •

Oración
Padre, no sabemos cómo orar. No sabemos cuál es tu voluntad. No siempre tenemos las palabras correctas. Así que gracias por tu Espíritu Santo que ora con gemidos que no pueden expresarse en palabras.

• •

Hoy estoy orando Romanos 8:26-27 por ti, y le agradezco a Dios por el Espíritu Santo que mora en ti, por Su prontitud para ayudarte y por gemir en oración por ti cuando no tienes las palabras para orar por tu cuenta.

25

Oro para que honres el nombre de Jesús

*Por eso oramos constantemente por ustedes, para que nuestro Dios
los considere dignos del llamamiento que les ha hecho, y por su poder
perfeccione toda disposición al bien y toda obra que realicen por la
fe. Oramos así, de modo que el nombre de nuestro Señor Jesús sea
glorificado por medio de ustedes, y ustedes por él, conforme a la gracia
de nuestro Dios y del Señor Jesucristo.*

2 Tesalonicenses 1:11-12

En la primera parte de la segunda carta de Pablo a los creyentes de Tesalónica, nos enteramos de que estaban afligidos y sufriendo. Entonces,
¿cómo oraba Pablo por aquellos que amaba y que estaban sufriendo? Las
oraciones de Pablo por los demás nunca fueron generales o genéricas,
egoístas o con poca visión, ni por cuestiones externas o temporales.
Cuando escuchamos lo que Pablo oró por aquellos que amaba, descubrimos que tiene algo para enseñarnos sobre cómo deberíamos orar por
nuestros seres queridos.

Pablo le pidió a Dios que permitiera a los creyentes de Tesalónica vivir de tal manera que merecieran el nombre que representaban: el nombre de Cristo. En otras palabras, no quería que vivieran en hipocresía, llamándose cristianos mientras vivían de una manera que no se parecía nada a Cristo. Le pidió a Dios que les diera el poder espiritual que necesitaban para hacer las cosas que la Biblia los instruía a hacer, como ejercer los dones espirituales, perseverar bajo persecución y proveer para las necesidades de los pobres. A medida que vivieran, dieran y amaran de estas maneras, el mayor deseo de Pablo se cumpliría, y el «nombre [del] Señor Jesús [sería] glorificado».

Mientras seguimos el ejemplo de Pablo al orar por aquellos que sufren, oramos para que tengan el poder de lograr todas las cosas buenas que su fe los impulsa a hacer; que, incluso cuando les falte paciencia, puedan interactuar con los demás de una manera que honre a Cristo; que, incluso cuando quieran que todo gire alrededor de ellos, se interesen por los demás; que, incluso cuando tengan preguntas bien reales sobre lo que Dios está haciendo, descansen con la confianza de que lo que está haciendo es bueno.

• •

Oración

Señor, que tu gracia que está obrando en _____ le permita llevar una vida digna de tu llamado. Dale a _____ el poder de alcanzar todas las cosas buenas que la fe lo impulsa a hacer. Que el nombre del Señor Jesús sea glorificado por la manera en que _____ vive, y que _____ pueda experimentar el gozo y el privilegio de recibir honra junto con Jesús.

• •

*Hoy estoy orando 2 Tesalonicenses 1:11-12 por ti, pidién-
dole a Dios que te dé la gracia para vivir de manera
digna de Él y el poder para lograr todas las cosas buenas
que la fe te impulsa a hacer. Que el nombre de Jesús sea
glorificado por tu manera de vivir.*

26

Oro para que el poder de Cristo permanezca sobre ti

Pero él me dijo: «Te basta con mi gracia, pues mi poder se perfecciona en la debilidad». Por lo tanto, gustosamente haré más bien alarde de mis debilidades, para que permanezca sobre mí el poder de Cristo. Por eso me regocijo en debilidades, insultos, privaciones, persecuciones y dificultades que sufro por Cristo; porque, cuando soy débil, entonces soy fuerte.

2 Corintios 12:9-10

Cuando Jesús le dijo a Pablo: «Te basta con mi gracia», le estaba diciendo (y nos dice a ti y a mí cuando oramos repetidamente por alivio del dolor en nuestras vidas y este no llega): *Seré suficiente para ti en esto. Te fortaleceré para esto. Puedes estar seguro de que mi gracia te llegará en la forma, la cantidad y el momento en que la necesites. Te daré la gracia que precisas para soportar el dolor que no quitaré.* ¡Esto es increíble! ¡Es más de lo que se nos ocurriría pedir! La gracia que Dios provee es suficiente para generar gozo en medio de un gran dolor. Es suficiente para soportar la crítica y los obstáculos por todas partes. Es suficiente para permitir que sigas creyendo que Dios es bueno y que te ama, incluso cuando te niega lo que tanto buscaste de Su parte.

Jesús también le dice a Pablo: «mi poder se perfecciona en la debilidad». Por eso, Pablo se decidió a hacer alarde gustosamente de su debilidad, «para que [...] el poder de Cristo» descansara sobre él. Piensa en este poder... «el poder de Cristo». Este es el poder que permitió que Jesús soportara la cruz, el poder que le permitió perdonar a aquellos que lo escupieron, lo insultaron y lo traicionaron. Este es el poder que viene a descansar sobre aquellos que están unidos a Él por la fe. Su poder viene a descansar sobre nosotros y se propaga a través de nosotros.

El cristianismo se suele reducir a un método para hacer que la vida salga bien. Pero la fortaleza espiritual no se trata de tener una conexión tan especial con Dios que podamos convencerlo de decir que sí a nuestros pedidos de cambiar nuestras circunstancias. La experiencia sobrenatural que Dios ha prometido es esta: el poder de Cristo que viene a cubrirnos cuando lo peor que podemos imaginar nos sucede a nosotros o a algún ser querido.

• •

Oración

Señor, que tu promesa de gracia suficiente se establezca en lo profundo del alma de _____. Que el poder de Cristo venga a descansar sobre _____ de tal manera que _____ tenga la fortaleza para contentarse incluso si las circunstancias no cambian. En medio de su debilidad, muestra tu fortaleza.

• •

Hoy estoy orando 2 Corintios 12:9-10 por ti, pidiéndole a Dios que te provea la gracia suficiente que prometió y que te permitirá resistir con fidelidad. Pido que el poder de Cristo descanse sobre ti, dándote la fortaleza para contentarte en medio de tu situación difícil.

27

Oro para que confíes tu seguridad al Señor

*Los que confían en el Señor son como el monte Sión, que jamás será
conmovido, que permanecerá para siempre. Como rodean las colinas a
Jerusalén, así rodea el Señor a su pueblo, desde ahora y para siempre.*

Salmo 125:1-2

«Los que confían en el Señor». De inmediato, queremos colocarnos
en esa categoría, en especial si hubo un momento en el que nos com-
prometimos a confiarle nuestras vidas a Él. Confiar en el Señor es el
fundamento de la fe y la relación con Cristo, pero puede ser sumamente
difícil vivir de manera consistente así; en especial, cuando tenemos que
confiarle algo precioso como nuestros hijos, nuestro sustento o la posi-
bilidad de la discapacidad o la muerte.

El Salmo 125 nos llama la atención cuando nos vemos tentados a
poner nuestra confianza en cualquier cosa que no sea Dios. Nos dice
que nuestras vidas están tan seguras como el monte Sión. En otras
palabras, es menos probable que se derrumben y sean destruidas, así

como no es probable que el monte Sión se desplome. Nuestras vidas no solo tienen la estabilidad del monte Sión, sino que también tienen la protección de Aquel que hizo las montañas. Nuestra protección es Su proyecto personal; no se la asigna a seres inferiores. Jehová mismo rodea a Su pueblo. Su protección no es ocasional ni temporal; es ahora y para siempre.

Confiar en Dios significa conectarnos con la única persona que permanecerá para siempre. Sencillamente no podemos proveer esta clase de seguridad para nosotros o para aquellos a quienes amamos. Así que confiamos en el Señor para que sea nuestra seguridad y protección.

• •

Oración
Señor, queremos hacer más que tan solo confiar en ti de la boca para afuera. Deseamos confiarte nuestras vidas de manera profunda, constante y absoluta, y todo lo que hay en ellas. Rodea a _____ aun ahora con tu protección. Protégelo del desánimo. Guárdalo del resentimiento. Llénalo de una sensación de seguridad que viene de tenerte como nuestro Dios.

• •

Hoy estoy orando el Salmo 125 por ti, alabando a Dios por la completa seguridad que es tuya porque confías en Él. Le pido que te rodee y te proteja del desánimo, el enajenamiento y el resentimiento.

28

Oro para que la autenticidad de tu fe glorifique a Jesús

Esto es para ustedes motivo de gran alegría, a pesar de que hasta ahora han tenido que sufrir diversas pruebas por un tiempo. El oro, aunque perecedero, se acrisola al fuego. Así también la fe de ustedes, que vale mucho más que el oro, al ser acrisolada por las pruebas demostrará que es digna de aprobación, gloria y honor cuando Jesucristo se revele.

1 Pedro 1:6-7

Pedro escribe que podemos tener gozo incluso cuando parece que nos acosan los problemas desde todos lados. ¿Cuál es la fuente de ese gozo? Según Pedro, podemos tener gozo ahora debido a algo que sucederá mucho después de que termine nuestro sufrimiento, el día que Jesús regrese. Podemos gozarnos ahora al anticipar lo que sucederá como resultado directo de la manera en que respondamos a nuestras dificultades presentes.

Aquel día, la cualidad genuina de nuestra fe —revelada por la manera en que seguimos amando a Cristo, confiando en Él y viviendo para Él en los momentos más difíciles— no solo resultará en una recompensa para nosotros, sino también en una mayor alabanza, gloria y honor para Jesús.

Nos cuesta imaginar cómo sucederá o cómo será esto. Pero podemos creer que es verdad y permitir que esta realidad futura nos llene de un gozo contrario a toda lógica en el presente. Una de las razones por las cuales sabemos que este gozo es posible es que Jesús lo experimentó cuando enfrentó el peor sufrimiento de todos. En Hebreos, leemos que el gozo puesto delante de Él fue lo que le permitió soportar la cruz y su vergüenza. Como Jesús es el autor y el perfeccionador de nuestra fe, podemos esperar que Él puede darnos la misma clase de fe y gozo, y que lo hará. ¡Con razón Jesús recibirá alabanza, gloria y honor en aquel día!

En cierto sentido, esta promesa nos obliga a pensar más profundamente en lo que queremos en esta vida, en el propósito por el cual vivimos. ¿Estamos viviendo y orando según metas estrechas? ¿O vivimos y oramos por el fin que Dios tenía en mente cuando hizo el mundo y llamó un pueblo para sí? ¿Anticipar la gloria dada a Jesús en el futuro nos infunde gozo ahora?

• •

Oración
Señor, por favor llena la imaginación de ____ con una visión del día en el futuro en que recibirás muchísima alabanza, gloria y honor como resultado de la fe que le diste. Llénala hoy del gozo que anticipa ese día futuro.

• •

Hoy estoy orando 1 Pedro 1:6-7 por ti, pidiéndole a Dios que te llene de un gozo anticipatorio al pensar en el día en que Jesús regrese y reciba alabanza, gloria y honor debido a la cualidad genuina de tu fe en Él en medio de circunstancias difíciles.

29

Oro para que puedas decirle a tu Padre: «no sea lo que yo quiero, sino lo que quieres tú»

... «Padre mío, si es posible, no me hagas beber este trago amargo.
Pero no sea lo que yo quiero, sino lo que quieres tú».

Mateo 26:39

Cuando nos acercamos al Padre y derramamos nuestras oraciones justas, repetidas y vigorosas, nos ayuda observar y oír lo que sucedió cuando Jesús hizo eso mismo. Al leer los relatos del evangelio de Jesús orando en el jardín de Getsemaní, lo encontramos expresando sin vergüenza alguna Su deseo ante el Padre. Anhelaba que hubiera alguna otra manera de satisfacer la justicia de Dios que no fuera ofrecerse Él mismo como sacrificio por el pecado. Si había otra forma, no quería tener que experimentar la separación de Su Padre que sería necesaria para transformarse en pecado. Así que, tres veces le imploró Jesús al Padre que pasara la copa del sufrimiento de Él.

No se registra ninguna respuesta de Dios. Pero claramente, en ese silencio, Jesús escuchó el «no» del Padre a Su pedido.

Ser testigos de la oración de Jesús y la respuesta de Dios nos ayuda al menos de dos maneras. Primero, nos libera para derramar nuestros deseos delante de Dios. Somos libres de exponer ante nuestro Padre lo que desea nuestro corazón. Pero también nos muestra cómo expresar, junto con nuestros anhelos, nuestro deseo más profundo de lo que Dios quiere. Cuando creemos verdaderamente que los planes de Dios para nosotros son aun mejores de lo que podríamos planear por nuestra cuenta, podemos decirle que queremos lo que Él desea más que salirnos con la nuestra.

La segunda manera en que ser testigos de esta oración y la respuesta de Dios nos ayuda es al darnos cuenta de que, si Dios dijo «no» a la oración de Jesús, Su Hijo —el cual era perfectamente obediente, que oraba en absoluto acuerdo con la voluntad de Dios—, entonces cuando nos dice que no a nosotros, no se debe a que no hayamos sido lo suficientemente obedientes o espirituales, o a que no hayamos orado con suficiente esfuerzo, pasión o durante el tiempo suficiente. Solemos pensar que estas son las cosas que destraban el «sí» de Dios. Así que, cuando vemos que Dios le dijo «no» a Jesús, empezamos a darnos cuenta de que la oración no tiene que ver principalmente con obtener un «sí» de parte de Dios, sino más bien con una relación con nuestro Padre. Tiene que ver con someter nuestra voluntad a la voluntad del Padre.

• •

Oración

Padre, si es posible, no le hagas beber este trago amargo a _____. Pero si tu plan bueno y sabio no incluye alivio ni rescate, por favor, dale a _____ tal confianza en ti que pueda aceptar con gusto que se haga tu voluntad. Dale a _____ la gracia para declarar junto con Jesús: «no sea lo que yo quiero, sino lo que quieres tú» y que lo diga de todo corazón.

• •

Hoy estoy orando Mateo 26:39 por ti, dándole gracias a Dios por el ejemplo de Jesús al derramar libremente Sus deseos delante del Padre, así como por Su ejemplo de sumisión a la voluntad del Padre.

30

Oro para que sepas que el Señor te cuida

A las montañas levanto mis ojos; ¿de dónde ha de venir mi ayuda? Mi ayuda proviene del Señor, creador del cielo y de la tierra. No permitirá que tu pie resbale; jamás duerme el que te cuida. Jamás duerme ni se adormece el que cuida de Israel.

Salmo 121:1-4

A medida que el pueblo de Dios se abría paso desde los valles de Judea montaña arriba hacia Jerusalén para los diversos festivales y fiestas, cantaban juntos los salmos de ascenso. Por momentos, seguramente miraban las alturas a las que debían llegar y se preguntaban si tendrían la fuerza necesaria. Y cuando esto sucedía, el Salmo 121 les brindaba las palabras para hacer y responder esa pregunta juntos. Cantando juntos mientras ascendían, declaraban que el Señor al cual iban camino a celebrar en el templo sería su ayuda. Él podía ver las trampas ocultas y no los dejaría tropezar. Nunca dejaría de cuidarlos con amor.

El Salmo 121 también puede ser para nosotros una meditación sobre el cuidado permanente de Dios sobre nuestras vidas. El salmo es un recordatorio de que nada puede suceder fuera de Su dirección. «... de la mano del Padre nadie [nos] puede arrebatar» (Juan 10:29).

A veces, el camino del sufrimiento puede parecer una montaña muy empinada. Nos preguntamos si tendremos la fuerza suficiente para poner un pie delante del otro y perseverar. Cuando estamos cansados y con miedo, podemos recordarnos que Aquel que nos llamó y nos puso en el camino hacia la Nueva Jerusalén en Su presencia nos ayudará en el camino. Él conoce los posibles peligros y los lugares donde podríamos tropezar, y nos mantendrá en el camino correcto. Nunca se duerme al volante en cuanto al cuidado soberano de nuestras vidas. Jamás lo aburren ni dejan de importarle las inquietudes que le presentamos en oración.

. . . .

Oración

Señor, te ruego que le des a _____ una confianza cada vez mayor en tu ayuda prometida para lo que sea que deba enfrentar hoy y mañana y el día después. Guárdalo de tropezar y alejarse de ti. Cuídalo de cerca en los detalles del día y las ansiedades de la noche. Guarda su salida y su entrada, desde ahora y para siempre.

. . . .

Hoy estoy orando el Salmo 121 por ti, pidiéndole a Dios que te dé la seguridad en Su ayuda prometida, Su protección y Su cuidado fiel.

31

Oro para que Dios te dé
una perspectiva eterna sobre tu dolor

Y, después de que ustedes hayan sufrido un poco de tiempo, Dios mismo, el Dios de toda gracia que los llamó a su gloria eterna en Cristo, los restaurará y los hará fuertes, firmes y estables. A él sea el poder por los siglos de los siglos. Amén.

1 Pedro 5:10-11

Está claro que, al escribir su carta a los creyentes que sufrían en toda Asia, Pedro tenía un plazo de tiempo en mente. Declaró que estaban siendo protegidos a través de la fe para una salvación «que se ha de revelar *en los últimos tiempos.* Esto es para ustedes motivo de gran alegría, a pesar de que hasta ahora han tenido que sufrir diversas pruebas *por un tiempo*» (1 Ped. 1:5-6, énfasis añadido). Los llamó a poner su esperanza plenamente en la gracia que recibirían «cuando Jesucristo se revele» (1 Ped. 1:7). «Ya se acerca el fin de todas las cosas», escribió en 1 Pedro 4:7.

Entonces, cerca del final de su carta, escribió: «después de que ustedes hayan sufrido *un poco de tiempo*» (énfasis añadido). ¿Acaso su ánimo para los creyentes de su época era que anticiparan que el tiempo que les tocaba sufrir en esta vida tendría una duración limitada? Tal vez incluso de manera más significativa para nosotros, ¿deberíamos leer esto y suponer que, aunque suframos, nuestros males no durarán mucho tiempo?

Cuando Pedro escribió que sufriremos «un poco de tiempo», estaba mirando el sufrimiento de esta vida desde la perspectiva de la eternidad. La única manera de describir el sufrimiento que se ha instalado y no parece tener un fin a la vista diciendo que durará «un poco de tiempo» es si comparamos la duración de nuestras vidas con la línea interminable de la eternidad. La realidad de lo que Pedro les dice a los creyentes de su época y a nosotros es esta: *Tu sufrimiento tal vez dure el resto de tu vida, pero a la luz de la gloria interminable que compartirás con Jesús, en realidad es tan solo un poco de tiempo.*

Lo que nos permite soportar una vida entera de sufrimiento es saber que participaremos de la gloria *eterna* de Jesús. En la eternidad, toda una vida de dolor físico, emocional o relacional parecerá efímera.

• •

Oración

Señor, en tu bondad, llamaste a _____ a participar de tu gloria eterna a través de Cristo Jesús. Por favor, permite que _____ pueda percibir de manera tangible esa gloria eterna. Llénala de tu confianza que tranquiliza, y que pueda saber que, después de sufrir un poco de tiempo, tú la restaurarás, la sostendrás y la fortalecerás. La colocarás sobre un fundamento sólido. ¡Todo el poder es tuyo para siempre! Amén.

• •

Hoy estoy orando 1 Pedro 5:10-11 por ti, pidiéndole a Dios que te permita percibir de manera tangible la magnitud de la eternidad y lo grande que es la gloria que desea compartir contigo. Oro para que esta realidad moldee tu perspectiva sobre las pruebas de esta vida que parecen durar tanto tiempo.

32

Oro para que entiendas cuán profundamente te ama Dios

Cuando pienso en todo esto, caigo de rodillas y elevo una oración al Padre, el Creador de todo lo que existe en el cielo y en la tierra. Pido en oración que, de sus gloriosos e inagotables recursos, los fortalezca con poder en el ser interior por medio de su Espíritu. Entonces Cristo habitará en el corazón de ustedes a medida que confíen en él. Echarán raíces profundas en el amor de Dios, y ellas los mantendrán fuertes. Espero que puedan comprender, como corresponde a todo el pueblo de Dios, cuán ancho, cuán largo, cuán alto y cuán profundo es su amor. Es mi deseo que experimenten el amor de Cristo, aun cuando es demasiado grande para comprenderlo todo. Entonces serán completos con toda la plenitud de la vida y el poder que proviene de Dios.

Efesios 3:14-19, NTV

Una de las primeras cosas que se cuestionan cuando sufrimos de manera significativa es el amor de Dios. Pensamos: «Dios, si realmente me amas, no habrías permitido esto; habrías intervenido para evitarlo». Nuestra tendencia es mirar el amor de Dios a través de la lente de nuestras circunstancias. En cambio, tenemos que mirar nuestras circunstancias a través de la lente del amor de Dios por nosotros en Cristo. La demostración más grande del amor de Dios por nosotros sucedió cuando entregó a Su único Hijo para cargar con nuestros pecados, de manera que el pecado ya no fuera una barrera entre nosotros y Dios. Este amor increíble es la lente a través de la cual necesitamos ver Su amor por nosotros.

Lo que necesitamos es entender con mayor claridad y firmeza el amor de Dios, y precisamente por esto oraba Pablo, para que fuera una realidad en la vida de los creyentes de Éfeso. Pablo deseaba que tuvieran una fortaleza interior dada por el Espíritu; específicamente, la fuerza para comprender algo que, de otra manera, es incomprensible. Pablo sabía que los creyentes efesios necesitaban entender mejor y con mayor claridad la naturaleza expansiva del amor de Dios por ellos en Cristo. Anhelaba que sus vidas estuvieran arraigadas y cimentadas en este amor. Quería que creyeran, en lo profundo de su alma, que Dios los amaba. A medida que sus raíces se profundizaran en el amor de Cristo, podrían soportar los vientos de las dificultades que soplarían sobre sus vidas. Tendrían «toda la plenitud de la vida y el poder» para perseverar, los cuales se generan al creer que el Señor del universo nos ama.

• •

Oración

Padre, Creador de todo lo que hay en el cielo y en la tierra, hoy caigo de rodillas ante ti para orar. Te ruego que, con tus recursos gloriosos e ilimitados, fortalezcas a _____ desde su interior a través de tu Espíritu. Que Cristo haga Su hogar en el corazón de _____, a medida que confía en ti. Que sus raíces crezcan profundas en el amor de Dios y la mantengan en pie. Que sea plenamente capaz de comprender cuán ancho, cuán largo, cuán alto y cuán profundo es tu amor. Que experimente el amor de Cristo y sea llena de toda la plenitud de la vida y del poder que viene de ti.

· ·

Hoy estoy de rodillas, orando Efesios 3:14-19 por ti. Le pido a Dios que te dé la fortaleza interior y el poder para entender todo lo que abarca el amor de Dios por ti, y cuán segura estás en él.

33

Oro para que conozcas la presencia de Dios en medio de la oscuridad

Señor, Dios de mi salvación, día y noche clamo en presencia tuya. Que llegue ante ti mi oración; dígnate escuchar mi súplica. Tan colmado estoy de calamidades que mi vida está al borde del sepulcro. Ya me cuentan entre los que bajan a la fosa; parezco un guerrero desvalido.

Salmo 88:1-4

El Salmo 88 es una canción de Hemán el ezraíta. Él escribe: «Tan colmado estoy de calamidades que mi vida está al borde del sepulcro». No sabemos lo que le sucedía a Hemán el ezraíta, pero podemos identificarnos con lo que escribe, debido a la sinceridad con la cual describe sus sentimientos y pensamientos. No le quedan fuerzas. Se siente abandonado y lejos del cuidado de Dios. Percibe que el Señor lo ha arrojado al foso más hondo, a las profundidades oscuras, y lo ha dejado allí. Se siente indefenso, desesperado y solo. «Ahora solo tengo amistad con las tinieblas», declara (Sal. 88:18).

Y después, el salmo termina, sin ninguna conclusión prolija. La mayoría de los lamentos en los salmos dejan entrar algún rayito de sol en determinado momento o cierran con una nota de confianza en la que se decide confiar en Dios. Este salmo no. No parece haber resolución. Pero eso no significa que no haya una esperanza genuina. La luz de la redención es apenas perceptible en este salmo, pero está allí. En realidad, se indica en el primer versículo, y se evidencia en el salmo como un todo. Hemán no empieza el salmo clamando a un Dios impotente o desinteresado sino al «Dios de mi salvación». Debajo de toda su desesperación, había una confianza sólida en el propósito de salvación de Dios para su vida.

Este salmo nos muestra que la fe puede ser real, incluso cuando no haya una conclusión prolija, aun cuando no pueda pronunciar una esperanza fuerte, cuando apenas pueda sostenerse y cuando todo parezca sumamente oscuro. Nos ayuda a seguir acudiendo al Señor, incluso cuando parece que no oye o que se niega a actuar. A medida que lo hacemos, se nos recuerda que el Dios de nuestra salvación es el único con la habilidad de atravesar la oscuridad de nuestras circunstancias difíciles. Nos oye cuando clamamos a Él en medio de las tinieblas porque está allí con nosotros.

• •

Oración

Dios de la salvación de _____, sálvalo de la desesperación. Salva a _____ de una inclinación a huir de ti en vez de acudir a ti con todo su dolor. Sálvalo de la voz que le dice que te has olvidado de él, que estás enojado y que le has dado la espalda. Entra a la oscuridad de _____ e ilumínalo con la luz de tu presencia.

• •

Hoy estoy orando el Salmo 88 por ti, pidiéndole al Dios de tu salvación que te salve de alejarte de Él, de tu desesperación y de darte por vencido. Le pido que ilumine la oscuridad en tu vida con la luz radiante de Su presencia.

34

Oro para que fijes tu mirada en lo invisible

*Es por esto que nunca nos damos por vencidos. Aunque nuestro
cuerpo está muriéndose, nuestro espíritu va renovándose cada día.
Pues nuestras dificultades actuales son pequeñas y no durarán mucho
tiempo. Sin embargo, ¡nos producen una gloria que durará para
siempre y que es de mucho más peso que las dificultades! Así que
no miramos las dificultades que ahora vemos; en cambio, fijamos
nuestra vista en cosas que no pueden verse. Pues las cosas que ahora
podemos ver pronto se habrán ido, pero las cosas que no podemos ver
permanecerán para siempre.*

2 Corintios 4:16-18, NTV

En este pasaje, Pablo nos anima a hacer algo que parece imposible. Nos
llama a «[fijar] nuestra vista en cosas que no pueden verse». Entonces,
¿cuáles son estas realidades invisibles, y cómo nos fijamos en ellas?

Lo que no podemos ver es la «gloria [...] de mucho más peso» que el
dolor que trae la vida en este mundo roto. Tenemos que fijar la mirada

en esta gloria. Lo que nos surge de manera natural es fijar la mirada en nuestros problemas presentes y suponer que son fortuitos y que no tienen sentido. Sin duda, así parece a primera vista. Pero Pablo quiere que veamos que no son irrelevantes ni inútiles. Están produciendo algo en nosotros en un ámbito que no podemos ver con nuestros ojos físicos. Sufrir para Cristo y en Cristo produce un peso eterno de gloria que no podemos ver ahora pero que disfrutaremos para siempre cuando entremos a Su presencia.

Concentrarnos en esta gloria eterna hace al menos dos cosas. Primero, evita que nos demos por vencidos. Nos infunde una determinación robusta para mirar más allá de nuestro dolor presente hacia la gloria que vendrá. Segundo, nos da perspectiva. Cuando Pablo declara: «nuestras dificultades actuales son pequeñas y no durarán mucho tiempo», nos vemos tentados a pensar que está minimizando el dolor muy real de la vida en este mundo. Sin embargo, no es así. Nuestro problema es uno de perspectiva. Necesitamos las promesas de la Escritura para desarrollar en nuestro interior una imaginación santa que nos permita ver la gloria.

Cuando dejamos de concentrarnos en nuestros problemas y fijamos la mirada en la gloria que vendrá, descubrimos que las cargas más pesadas parecen livianas. Considerar cuánto tiempo disfrutaremos de la gloria eterna tiene el poder de llevarnos a ver que incluso luchas que duran toda la vida terminan pronto.

· ·

Oración

Señor, ayuda a _____ a no concentrarse en las luchas presentes que parecen tan amenazadoras e implacables. Pon su mirada en las realidades que no se pueden percibir con ojos físicos, realidades que ponen las dificultades presentes en una perspectiva eterna.

· ·

Hoy estoy orando 2 Corintios 4:16-18 por ti, pidiéndole a Dios que te dé ojos espirituales para ver la gloria que quiere compartir contigo eternamente. Le pido que haga que Sus promesas respecto a la gloria venidera cobren tal magnitud en tus pensamientos y sentimientos que los problemas presentes parezcan pequeños e insignificantes.

35

Oro para que Dios cumpla
Sus planes para tu vida

Aunque pase yo por grandes angustias, tú me darás vida;
contra el furor de mis enemigos extenderás la mano: ¡tu mano
derecha me pondrá a salvo! El Señor cumplirá en mí su propósito.
Tu gran amor, Señor, perdura para siempre; ¡no abandones la obra
de tus manos!

Salmo 138:7-8

¿Qué hace Dios con Sus manos? En la creación, «con la mano izquierda [afirmó] la tierra, y con la derecha [desplegó] los cielos» (Isa. 48:13). Moisés le dijo a la nación de Israel que «el Señor tu Dios te sacó de [Egipto] con mano fuerte y brazo poderoso» (Deut. 5:15, NTV), y cuando ya habían cruzado a salvo el mar Rojo, cantó: «tu diestra, Señor, despedazó al enemigo» (Ex. 15:6). Poco tiempo después, cuando Israel había cruzado el río Jordán en seco, Josué le dijo al pueblo que el Señor lo había hecho «para que todas las naciones de la tierra supieran que la mano del Señor es poderosa, y para que ustedes temieran al Señor su Dios para siempre» (Jos. 4:24, NTV).

Por asombroso que parezca, Dios, en cierto sentido, se «ensucia las manos» al trabajar en las vidas de Sus escogidos para crearlos, establecerlos, rescatarlos, protegerlos y guiarlos. Aunque es trascendente, no es distante ni está desconectado. Está obrando de manera activa en las vidas de aquellos a los que ama.

Cuando escribió el Salmo 138, tal vez David pensaba en todas estas cosas que Dios había hecho con Sus manos. Cuando pensaba en cómo el Señor había usado Sus manos para proteger y preservar a Su pueblo, esto llenaba a David con la seguridad de que Dios extendería Su mano para salvarlo y llevar a cabo Sus planes para su vida. Por supuesto, lo que David no podía ver con claridad aún era la obra más grande de protección y salvación que proveerían las manos del Señor; cuando el Dios encarnado entregara Sus manos a hombres malvados para que las atravesaran con clavos. Gracias a esta obra de Sus manos, tenemos toda razón para esperar que el Señor no nos retendrá ningún bien. Sin duda, llevará a cabo todos Sus buenos planes para nuestras vidas.

. . . .

Oración
Señor, recuérdale a _____ cómo tantas veces has extendido la mano para salvar a tu pueblo. Así eres tú y eso es lo que haces. Incluso ahora, extiende tu mano poderosa para salvar a _____ del temor y la enajenación, de la desesperación y el desánimo, del resentimiento y el reproche. Protégela del enemigo de su alma. Sigue llevando a cabo tus planes para la vida de _____, y dale la fe para creer que esos planes son buenos.

. . . .

Hoy estoy orando el Salmo 138 por ti, pidiéndole a Dios que use el poder de Su diestra para protegerte, salvarte y guiarte a los planes buenos que tiene para tu vida. Descansa al saber que será fiel contigo y que no te abandonará.

36

Oro para que deposites en Dios toda tu ansiedad

Humíllense, pues, bajo la poderosa mano de Dios, para que él los exalte a su debido tiempo. Depositen en él toda ansiedad, porque él cuida de ustedes.

1 Pedro 5:6-7

A ninguno de nosotros nos gusta demasiado la idea de ser humillados. Pero Pedro deja en claro que hay una clase de humillación particular que nos permite experimentar descanso en el presente y anticipar una exaltación que satisfará nuestra alma en el futuro. No es una humillación que se nos imponga, sino más bien una humillación que buscamos en medio de temores, preocupaciones y problemas.

Esta humillación comienza cuando admitimos que sencillamente no podemos soportar el peso de nuestras inquietudes por nuestra cuenta. No tenemos la fuerza interior para vivir con estas tribulaciones que nos aquejan. No tenemos el poder para cambiar las circunstancias. No sabemos qué hay que hacer ni cómo lograrlo. En vez de acurrucarnos debajo de esta carga de preocupación, incertidumbre y necesidad, dejamos activamente todo el peso de estas cuestiones sobre el único que es lo suficientemente fuerte y amoroso como para actuar e intervenir.

Levantamos la mirada y vemos la poderosa mano de Dios, y creemos que Su mano poderosa no está sobre nosotros para aplastarnos sino para guardarnos. Nos humillamos bajo la poderosa mano de Dios al dejar todas nuestras ansiedades allí. A través de la oración, nombramos nuestros temores e inquietudes uno por uno, y se los entregamos al Señor. Oramos a Dios creyendo realmente que Él lleva nuestras cargas y se interesa por aquello que nos revuelve el estómago y agita nuestra mente.

El orgullo dice: «Si yo no lo resuelvo, no se solucionará». Declara: «Tengo que ser fuerte. Puedo manejarlo». La humildad dice: «Dios, necesito que lleves esta carga, que obres en esta situación y me abras camino. Y creo que lo harás, porque estoy convencido de que realmente te interesas por mí».

· ·

Oración

Padre, estamos llenos de ansiedad sobre cosas que no podemos controlar ni modificar. Necesitamos desesperadamente que obres, extendiendo tu mano poderosa para librar y redimir, para salvar y guardar, para llevar a _____ hacia ti. Dale a _____ la gracia para dejar toda ansiedad presente y futura sobre ti, sabiendo que te interesas y que puede confiar en ti.

· ·

Hoy estoy orando 1 Pedro 5:6-7 por ti, pidiéndole a Dios que te permita percibir la seguridad que se encuentra al humillarte bajo Su mano poderosa, y el descanso que se halla al depositar toda ansiedad sobre Él.

37

Oro para que aprendas el secreto del contentamiento

No digo esto porque esté necesitado, pues he aprendido a estar satisfecho en cualquier situación en que me encuentre. Sé lo que es vivir en la pobreza, y lo que es vivir en la abundancia. He aprendido a vivir en todas y cada una de las circunstancias, tanto a quedar saciado como a pasar hambre, a tener de sobra como a sufrir escasez. Todo lo puedo en Cristo que me fortalece.

Filipenses 4:11-13

Cuando entonamos el himno *Alcancé salvación*, cantamos: «Mi suerte cualquiera que sea, diré: ¡Alcancé, alcancé salvación!». Y cuando cantamos estas palabras, anhelamos que esta sea la realidad de nuestras vidas. Entonces, ¿cómo sucede esto, o qué nos enseña a decir y experimentar esto?

El apóstol Pablo escribió que había «aprendido» a contentarse. Su proceso de aprender contentamiento incluyó problemas, pobreza, malos tratos, falta de alimento e incomodidades. Sin duda, habrá meditado sobre cómo Jesús sufrió pobreza, malos tratos, falta de alimento e incomodidades. Al participar de Sus sufrimientos, seguramente tuvo una comunión única con Jesús. Lo más probable es que haya meditado en todo lo que era suyo por estar unido a Cristo. Aunque tanto le había sido quitado, Pablo podía ver sus carencias a la luz de todo lo que tenía por ganar. Su disposición a contentarse no se apoyaba en su expectativa de que sus circunstancias cambiarían. Estaba decidido a encontrar contentamiento en Cristo más allá de las circunstancias.

Creemos que estaremos contentos cuando por fin obtengamos lo que queremos, aquello por lo cual estamos orando. Pero el verdadero contentamiento ocurre cuando aceptamos algo menor o diferente de lo que queremos. Cristo es nuestra fuente de la fortaleza espiritual que necesitamos para vivir con aquello que no pedimos y con menos de lo que queríamos.

· ·

Oración

Señor, ya que has inscripto a _____ en la escuela del sufrimiento, enséñale el secreto del contentamiento, más allá de lo que proveas o retengas. Dale a _____ lo necesario para contentarse en los días en que todo vaya bien y en los días en que todo parezca difícil. Llénalo del contentamiento sobrenatural que viene al estar unido a Cristo.

· ·

Hoy estoy orando Filipenses 4:11-13 por ti, pidiendo que la fortaleza que es tuya porque estás unido a Cristo te permita estar profunda y genuinamente contento en toda situación que surja hoy.

38

Oro para que esperes con firme esperanza el regreso de Cristo

Contra su propia voluntad, toda la creación quedó sujeta a la
maldición de Dios. Sin embargo, con gran esperanza, la creación espera
el día en que será liberada de la muerte y la descomposición, y se unirá
a la gloria de los hijos de Dios. Pues sabemos que, hasta el día de hoy,
toda la creación gime de angustia como si tuviera dolores de parto; y
los creyentes también gemimos—aunque tenemos al Espíritu Santo en
nosotros como una muestra anticipada de la gloria futura—porque
anhelamos que nuestro cuerpo sea liberado del pecado y el sufrimiento.
Nosotros también deseamos con una esperanza ferviente que llegue
el día en que Dios nos dé todos nuestros derechos como sus hijos
adoptivos, incluido el nuevo cuerpo que nos prometió.
Romanos 8:20-23, NTV

Cualquiera que medite profundamente en el sufrimiento de su vida desembocará en forma inevitable en la pregunta: «¿Por qué?». Nos preguntamos: «¿Por qué a mí?». «¿Por qué esto?». «¿Por qué ahora?». A menudo, señalamos razones circunstanciales para el sufrimiento, pero en Romanos 8, Pablo nos ayuda a ver la respuesta más profunda a nuestra pregunta de «¿por qué?». Cuando experimentamos el impacto de los desastres y accidentes naturales, la enfermedad y la muerte, todo se debe a lo que sucedió hace tanto tiempo en el jardín del Edén. El pecado entró a este mundo y corrompió todo. Debido a la maldición que trajo el pecado, nada ni nadie escapa de su impacto.

Pero, aunque Romanos 8 nos anima a mirar atrás a la historia humana para encontrar la causa de tanto sufrimiento, también nos señala al futuro, cuando el impacto de la maldición será erradicado y todo volverá a restaurarse. Este pasaje nos llama a levantar la mirada desde nuestros lamentos por el impacto que la maldición ha tenido en el mundo y nuestras vidas, para mirar con esperanza al futuro. Nos señala un día para anhelar más de lo que esperamos el alivio, más de lo que ansiamos una resolución. Nos señala al día en que Cristo regresará, el día de la resurrección.

Nos resulta sumamente natural poner nuestra esperanza en cosas menores, pero este pasaje nos provee la perspectiva que tanto necesitamos. Tenemos que ver nuestras tribulaciones pasajeras en el contexto de nuestra expectativa a largo plazo. Esto nos da la libertad de gemir, pero también evita que nos demos por vencidos. En medio de nuestra pena, el Espíritu Santo genera una anticipación cada vez más grande del día en que la vida de la nueva creación que ha comenzado en nuestro interior se transforme en una realidad para toda la creación.

· ·

Oración

Señor, a veces gemimos mientras esperamos que liberes al mundo de la muerte y el deterioro. La maldición es tan real, tan presente y tan extendida. Incluso ahora, _____ siente sus efectos. Gracias por empezar tu obra renovadora al crear nueva vida en el alma de _____.

Con humildad, te pido que extiendas esta renovación y restauración al cuerpo de _____. Te pido que expandas la anticipación de _____ del gran día de resurrección que vendrá, cuando toda la creación será hecha nueva.

· ·

Hoy estoy orando Romanos 8:20-23 por ti, pidiéndole a Dios que se encuentre contigo en tus gemidos y anhelos, y que te llene de la perspectiva sobre lo que ha hecho y está haciendo para erradicar la maldición que trajo el pecado sobre este mundo. Estoy orando para que te dé un mayor anhelo del gran día de resurrección que vendrá, cuando toda la creación será hecha nueva.

39

Oro para que nunca olvides la fidelidad del Señor para ti en estos días

Siempre tengo esto presente, y por eso me deprimo. Pero algo más me viene a la memoria, lo cual me llena de esperanza: El gran amor del Señor nunca se acaba, y su compasión jamás se agota. Cada mañana se renuevan sus bondades; ¡muy grande es su fidelidad! Por tanto, digo: «El Señor es todo lo que tengo. ¡En él esperaré!».

Lamentaciones 3:20-24

La Biblia no ignora el sufrimiento en esta vida y cuánto duele. En cambio, le da una voz a nuestro sufrimiento, y nos brinda palabras para expresarle a Dios cuánto puede doler la vida en este mundo roto. En el libro de Lamentaciones, encontramos un lamento de inspiración divina por un sufrimiento insoportable y una esperanza perdida. La realidad misma de que está incluido en el canon bíblico nos asegura que Dios no espera una respuesta estoica de Su pueblo, como si las heridas que nos aquejan no tuvieran efecto alguno, como si de alguna manera fuéramos inmunes a sentir pérdidas de manera profunda y desesperada.

Pero la belleza de Lamentaciones es que no se trata simplemente de un descargo desesperado. Más bien, este libro nos provee una perspectiva en medio de la desesperación. Eso es lo que parece suceder cuando el escritor de Lamentaciones derrama su relato de dolor. Pareciera que la mera mención del nombre divino —el Señor de amor inagotable— lo lleva a pensar en las perfecciones de Dios que se le han vuelto aún más vívidas justamente debido al dolor. El amor fiel de Dios nunca se acaba, Sus misericordias jamás terminan, Su fidelidad nunca falla. Así que, en vez de seguir escuchando sus pensamientos desesperados, el escritor de Lamentaciones empieza a responderse a sí mismo. Es como si dijera: *Alma mía, todo lo que necesitas lo tienes para siempre en Cristo, ¡así que dale la espalda a tu desesperación y aférrate a la esperanza en Dios!*

Es bueno saber que nuestro Padre celestial no silencia los lamentos de Sus hijos. Pero también es bueno saber que no nos deja sin esperanza en medio de nuestros lamentos. En cambio, nos llama a acudir a Él con nuestras penas y nos responde con Su amor y Sus misericordias fieles.

· ·

Oración

Señor, cuando el dolor de esta vida abrume a _____, que pueda volverse a ti para derramar su lamento y obtener perspectiva, en vez de alejarse de ti y amargarse. Llena a _____ con la esperanza que solo viene con la promesa de tu amor fiel; tu misericordia abundante ahora y la herencia que vendrá.

· ·

Hoy estoy orando Lamentaciones 3:20-24 por ti, pidiendo que en este tiempo difícil, experimentes las misericordias de Dios, Su amor y Su fidelidad como nunca antes. Pido que al saber que, en Cristo, tienes todo lo que necesitas para siempre, te llenes de esperanza y de gozo.

40

Oro para que cantes de alegría
toda tu vida

Enséñanos a contar bien nuestros días, para que nuestro corazón adquiera sabiduría. [...] Sácianos de tu amor por la mañana, y toda nuestra vida cantaremos de alegría. Días y años nos has afligido, nos has hecho sufrir; ¡devuélvenos ahora ese tiempo en alegría!

Salmo 90:12, 14-15

En el centro del Salmo 90, Moisés nos brinda una petición para llevar ante Dios. Debemos pedirle al Señor que nos enseñe a contar nuestros días. Para decirlo de otra manera, Moisés nos dio palabras para pedirle ayuda a Dios para vivir en la realidad de que nuestros días entre el nacimiento y la muerte son limitados. No debemos vivir de manera insensata, pensando que podemos aplazar la muerte hasta que encaje en nuestra agenda. En cambio, debemos pedirle al Señor la sabiduría para vivir a la luz de la realidad del impacto de la maldición sobre este mundo: la muerte. Reconocer que enfrentaremos la muerte mucho antes de lo que esperamos muestra sabiduría. Esta sabiduría nos lleva a no malgastar nuestras vidas y negar la muerte.

Necesitamos perspectiva sobre la brevedad de esta vida y la longitud de la vida que vendrá, para que no consideremos que nuestro tiempo en la tierra es lo único que hay. Necesitamos la satisfacción que viene de saber que somos receptores del amor inagotable de Dios todos los días de nuestra vida, y que la cantidad de días que Él nos da es buena y correcta. Necesitamos una canción para cantar en los días buenos y malos, que aumente nuestra confianza en Dios y nos llene de un gozo robusto a pesar del dolor. Necesitamos la esperanza de saber que nuestra vida no estará siempre definida por el mal y el sufrimiento de esta vida, sino que será hecha radiante con la gloria de Dios en la eternidad. El salmista nos da palabras para pedirle a Dios que ponga esta canción en nuestro corazón de tal manera que nos alegre de verdad.

. . . .

Oración

Señor, dale a _____ la sabiduría de una perspectiva adecuada sobre la vida y la muerte. Satisfácelo cada mañana con tu amor inagotable, para que pueda cantar de alegría hoy y todos los días. ¡Dale una canción de alegría hoy y cada día!

. . . .

Hoy estoy orando el Salmo 90 por ti, y le pido a nuestro Dios eterno que te llene de la clase de sabiduría que te permitirá considerar la brevedad de la vida, de manera que puedas cantar de alegría cada día que Él te regale.